和辻哲郎の社会学

犬飼裕一 著

八千代出版

まえがき　『風土』の背景

モンスーンは季節風である。が、特に夏の季節風であり、熱帯の大洋から陸に吹く風である。だからモンスーン域の風土は暑熱と湿気との結合をその特性とする。我々はこれを湿度計に現わすことのできぬ人間の存在の仕方として把握しようとするのである。（和辻哲郎『風土』岩波文庫、三四－三五頁）

和辻哲郎の『風土』（一九三一年）は、長年にわたって読みつがれてきた名著として名高い一方で、一種独特の読後感を伴う本でもある。稀代の文章家による名文によって紡ぎ出される、「モンスーン」「沙漠」「牧場」といった類型による世界各地の「風土」の描写は、たいへん印象的である。ところが、その一方ですぐに理解できるわけではない説明が伴っている。言い換えると、文学的にも優れた描写が、実は不思議な論理によって根拠付けられているのである。これは、和辻自身の留学体験を踏まえているが、単なる印象批評による旅行記でもないし、自然地理学的な分析でもない。

たとえば、「モンスーン」を「人間存在の仕方として把握する」というのはいったい何なのか。言い換えれば、根底のところで依拠している独特の方法について知らなければ、和辻哲郎がこの本で意図した主張がわからないという仕組みになっているのである。ただし、この問題が『風土』という本にとって決定的に大切なのかといえば、そうであるともいえるし、そうではないと考えることもできる。

現に和辻は「人間存在」をここで問うているのだが、それをめぐる哲学的な議論を踏まえなくても、『風土』は十分に魅力的な本だからである。和辻哲郎には、独特の困難がある。それは、さまざまな意味で文章が上手すぎるという困難である。文章を構成する個々の文章にあっても、また議論の運び方も、書物全体の構成も、魅力的で読者を独特の和辻的世界に引き込んでしまう。だから、それでよいのだと主張するのならば、反論は必要ないだろう。

しかし、その一方で、この人物の理論的、哲学的な「手の内」が見えてこない。文章家の手業でうまく言いくるめられてしまった気分である。現に、この魅力的な著者が名著『風土』の中でいったい何を主張したかったのかという問いは、ある種の読者についてまわる疑問でありつづける。あの議論は何なのだというわけである。

本書は、この疑問に対する長い間の問いかけに出発している。愛読者として、長年にわたって言いくるめられてしまった挙げ句に、和辻の手の内をぜひとものぞき見したい。そんな意図がこの本の出発点なのである。

ただし、素朴な疑問に出発した考察は、一旦和辻の議論を離れ、あえて遠回りをすることによって、この人物の議論に別の意義を見いだすことになった。結果、和辻が同時代の人々とともに取り組んでいた壮大な知的実験を再発見することになってしまったのである。和辻が『風土』を世に問うた一九三〇年代は、日本だけにとどまらず、世界中の知的世界が大きな発展を体験していた。二〇世紀初頭以来、自然科学から人文・社会科学の全域を覆う変革は、一九世紀までの科学観を覆し、それまでの常識を一気に古くさいものに変えてしまった。

個々の事例を詳細に研究し、「法則」を発見すれば、あとはあらゆる問題に応用できる、未来も予言できるといった一九世紀実証主義の考えは、次々と打ち破られ、通用しなくなってしまった。二〇世紀初頭は一九世紀を葬り去ってしまったかのように思われた。

しかし、二〇世紀後半には一九世紀の実証主義が大々的に復活する。一九三〇年代の成果は無視され、古くさい遺物がよみがえり、再び実証主義が支配するようになる。その結果、和辻哲郎が同時代の世界の人々と開始した新しい事業は、しばらく理解困難になってしまったのである。

たとえば、『風土』の冒頭には、こんな文章がある。

この書の目ざすところは人間存在の構造契機としての風土性を明らかにすることである。だからここでは自然環境がいかに人間生活を規定するかということが問題なのではない。通例自然環境と考えられているものは、人間の風土性を具体的地盤として、そこから対象的に解放され来たったものである。かかるものと人間生活との関係を考えるという時には、人間生活そのものもすでに対象化せられている。従ってそれは対象と対象との間の関係を考察する立場であって、主体的な人間存在にかかわる立場ではない。我々の問題は後者に属する。たといここで風土的形象が絶えず問題とせられているとしても、それは主体的な人間存在の表現としてであって、いわゆる自然環境としてではない。この点の混同はあらかじめ拒んでおきたいと思う。（和辻哲郎『風土』岩波文庫、三頁）

多くの読者は「序言」と題された文庫版で三頁ほどの小文をたいして気にとめないで読み飛ばしてしまうのかもしれない。しかし、あえて仔細に読んでいくと、この「序言」には重要すぎることが書かれている。たとえば、この段落の後では、ハイデッガーの『存在と時間』から受けた大きな影響を認めており、同時に、ハイデッガーへの批判、さらにはそこから独立して自分の議論を構築するのだと宣言までしている。

これは、著者、和辻哲郎としては、かなり力の入った開巻宣言なのである。しかも、冒頭の一行目に「人間存在」という言葉が登場する。すなわち「人間存在の構造契機としての風土性」。実は、これを明らかにすることが、『風土』の主題なのである。

この「序文」はさっさと読み飛ばしてもよい前置きのたぐいではなくて、この本の主題を圧縮して集中的に論じているのである。ただし、この一文を普通に読んでさっと内容が頭に入るのかといえばそうはいかない。かなりの難物である。いったい何が言いたいのか。簡単にわかるような代物ではなさそうである。まさに、この本は、冒頭の難解な一文からしてすでに謎なのである。

ただし、慎重に読んでいくと、和辻が、自分は「自然環境」を論じているわけではないことを強調したがっていることはすぐにわかる。さらに言い添えれば、自然科学的な現象としての「自然環境」とそれに基づく「人間生活」といった議論を論じているわけではないということになる。つまり、気温が低い地域の人々はこれこれの工夫をして暮らしているといった議論ではないというのである。この種の議論をここでは「環境決定論」と呼んでおこう。

すると、和辻の立場は環境決定論ではなくて、何なのだろうか。しかし、ここで読者は当惑せざるをえない。理由は簡単で、和辻の「風土論」というのは、広く行きわたった理解では、まさに環境決定論そのものだからである。現に、このことが和辻哲郎について専門家として、あるいは理論家として論じる人々とそれ以外の読者たちの理解の分岐点となっている。

和辻について専門的に論じる人々は「環境決定論」を退けるのに対し、多くの人々は環境決定論として理解した上で、和辻の「文体」や「優れた文学者の直感力と格調の高さ」を賞賛する。[1] この場合、一般の読者の無理解を指摘することは間違ってはいないが、その種の読み方を非難するべきなのかといえば難しい。

問題は、まさに解釈のあり方で、ある書物をどのように読み、そこからどのような思想を展開していくのかは、基本的に自由だからである。この点で、人は学校的な特定の正解を求める思考様式から離れなければならない。和辻哲郎の『風土』について専門家がいかにたくさんの議論を積み重ね、それらを共有していたとしても、それをもって「正解」とし、それ以外の読み方を「誤解」として退ける必要などない。

しかし、その一方で、今日の一般の読者にとって理解困難な「人間存在の構造契機」へのさらなる理解が、どうやって可能なのかという問いも成り立ちうる。和辻哲郎は、なぜそんな議論を展開しようとしたのか。和辻と今日の一般の読者との間に、実は大きな亀裂があるのではないのか。もしもそれが事実であるとすれば、亀裂の向こう側の実態を再確認しておくことは、無意味な仕事ではあるまい。

無意味であるどころか、むしろ八〇年も前に日本の思想家が独自に展開しようとした事業を再発見し、取り戻し、さらに展開することも可能なのではないか。それは、「思想の不在」や「衰退」を決まり文句のように繰り返す状況を打開するきっかけになるのではないか。なによりも、その種の印象を記すこと自体が、「不在」や「衰退」を引き起こしていないのか。そして、「不在」や「衰退」を語るのならば、それらを回復する方策を提示する義務があるのではないのか。義務を放棄することが許されるのか。

一九三〇年代の和辻哲郎を取り戻すことは、一旦失われた「思想」を、回復することなのではないか。それは、これまで数十年にわたって居座ってきた「一九世紀」を再度克服するという点で、二〇世紀前半の人々と同じ地点に立っていると考えることもできる。人が何らかの思想なくして生きていくことができない以上、思想が停滞し、硬直することは、人々の人生が停止し、固まってしまうことを意味する。古くなり、とっくの昔に意味を失ってしまった「思想」がゾンビのように動き回り、生きた人間を束縛する事態は、決して健全であるとはいえない。

もしもそうならば、今日の世界で思想を取り戻すために和辻哲郎を取り戻すことは、人間の可能性に再度立ち返ることでもある。それは、自分自身が今ここで生きている状況について再確認すること。そして、すべての個人は、自分だけの「世界」を日々作り出しており、自分が作り出した世界の中で、生活している。自分が作り出した世界と、自分自身とは不可分の関係である。

ところが、西洋近代由来の「哲学」は、何とかして研究者の自分自身から切り離し、「客観的」に対象を論じようとしてきた。近代科学を特徴付ける思考がまさにこれである。さらにいえば、客観的な観点から事実を確定し、確定された事実が体系的に整理されれば、「真実」が明らかになると考えるのが、近代科学の原理としての実証主義である。

和辻哲郎自身が実証主義とは異なった立場に立ち、「風土」の問題を論じようとしたことは、ここで強調しておく価値があるだろう。和辻は『風土』の中で、次のようにも書いている。

「夏」とは一つの気候であるが、しかしその気候は人間の存在の仕方である。ただ気温の高さと日光の強さとのみでは我々は「夏」を見いださない。冬のさ中にまれに現れた高気温の日に、人は「夏のようだ」とは言うかも知れぬが、しかし夏の中にいるとは感じない。同様のことは冬のさ中に日本を出た旅行者が南洋に近づくに当たって経験するところである。香港を出た翌日あたり、船の中の人たちは急に白い夏服になる。烈しい日光が濃紺の海を照らし、寒暖計は上り、人は汗を流す。いよいよ常夏の海にはいったとは誰もが思う。しかるにシンガポアについた夕暮れ、町へドライヴに出かけた旅行者は、草木の豊かに生い茂った郊外でにぎやかに鳴っている虫の音を聞いた時、あるいは露店の氷屋や果物店が立ち並んでいる間に涼みの人たちが白い着物で行き来する夏の夜の町の風景をながめた時、初めて強く「夏」を感じ、近い過去に日本に残してきた「冬」との対照を今さらに驚くのである。……【中略】……しかも我々にとって南洋は異境である。なぜなら我々がそこに「夏」として見いだしたものは南洋にとっては「夏」ではないからである。（和辻哲郎『風土』岩波文庫、三八―三九頁）

「夏」を「人間の存在の仕方である」と呼ぶとき、すでに実証主義的な気候学への回路は閉じられている。「夏」とは、単に気温や湿度ではない。また生い茂る草花の様子でもない。盛んな虫の鳴き声でもなければ、氷や果物でもない。それは、「夏」をめぐって、「夏」という季節のある地域に住む人々が作り出してきた「人間の存在の仕方」なのである。

こうして再び同じ問題に戻ってしまう。和辻のいう人間の存在の仕方とは何なのか。本書では、和辻哲郎の倫理学を社会学理論の立場から読み解いていくことで、『風土』の哲学的、理論的な背景に近づいていく。そして、それは同時に一九三〇年代の知的成果を、広く社会科学全般において回復することも目指しているのである。

本書では、まず二〇世紀の社会科学、そして社会学理論の動きを見ながら、その中で和辻哲郎の「倫理学」を位置付けることを試みる。この過程で見えてくることは、和辻の仕事が、実は一九三〇年代の知的展開に深く根ざしており、世界的な動きに対して、独自に貢献することを意図していたことである。ここで問題となるのは、「間（あいだ）」という概念であり、和辻は人と人との間で生じる関係を問うことで、従来の哲学や社会科学とは異なった議論に踏み込んでいく。これは一九三〇年代に世界的に探求された「社会学」に直接つながるものであった。

つづいて、和辻哲郎の『人間の学としての倫理学』を素材として、そこで展開される「社会学」を仔細に検討していきながら、この思想家の思考が社会学理論においてどのように展開しうるのかを考えていく。和辻が「倫理」を問おうとした方法は、実は社会学にとっても決定的な意義をもっていた。むしろ、社会学にとってこそ画期的であったといえるのである。それは、実証主義的な社会観を超え、人々の間――「人間（じんかん）」――に日々刻々作り出されている「社会」を見据える社会学なのである。

【注】

（1）たとえば、この点を強調していたのは、ドイツ思想史研究者の生松敬三である。生松敬三によると、「ひるがえって思うに、和辻の『風土』のもつ魅力というものは、おそらくはじめにこの書の特色として指摘した『人間学』的な風土理論にあるのではあるまい」。生松敬三「和辻風土論の諸問題」、湯浅泰雄編『人と思想　和辻哲郎』三一書房、一九七三年、一四四頁。ただし、このように注記することによって、生松自身が、二〇世紀後半の多くの愛読者とともに、和辻哲郎らによる一九三〇年代の知的成果への無関心を意図せず告白しているともいえる。

目次

Ⅱ　人間《じんかん》の学としての社会学
――社会理論と和辻哲郎『人間の学としての倫理学』――

Ⅰ

間《あいだ》の思想と社会学

――和辻哲郎「私の根本の考」をめぐって――

孤独は猛烈に社会的なのである。（岡本太郎）

社会学的な理論化が道を譲った代わりに出てきたのは、存在論や認識論の問題をめぐる素人談義であり、複雑な各々の社会を研究するのが減った分、言語や言説やテクストや無意識やらが取って代わってしまった。

（Nicos Mouzelis, *Sociological Theory: What Went Wrong?*, London, 1995, p. 6）

1　一つの思考様式の系譜

ここでの課題は、さまざまな領域で探求されてきた「間」の思想を社会学理論の課題として考えることにある。主に取り上げるのは、和辻哲郎の小文「私の根本の考」（一九四九年）である。これは小文でありながら、またそうであればこそ、表題どおり和辻哲郎の立場を見事に要約している。数頁の「コラム」でしかないが、その紙幅の中に一つの哲学的問題をめぐる系譜学が凝縮されているからである。

和辻哲郎の「倫理学」、あるいは、「人間の学としての倫理学」をめぐっては、主に二つの側面からの検討が行われてきた。一つは、――和辻哲郎の経歴からして至極当然のことであるが――倫理学（道徳学）の側面からの検討である。もう一つは、より漠然とした意味での「日本」との関係である。多くの場合、和辻の「倫理学」は、「日本的」であるとされてきた。この「日本」という概念が、いったい何ものであるのかということは、それ自体が大きな問題である。周知のように、「日本」という言葉には、多種多様な価値判断や党派的な立場、あるいはイデオロギーが不可分に関係してくるからである。現に、これを非難する場合には、たとえばかつて戸坂潤が行った議論のように、その「日本主義」が槍玉に挙げられる。反対に、称揚する場合には「風土論」や「和辻日本学」を哲学的に基礎付ける高度な探求であると考えられてきた。どちらの場合も、やはり共通して和辻の議論に「日本」を読みとろうとし、これを「倫理（道徳）」として論じる場合は、「日本」や「日本らしさ」、「日本の独自性」を、どのように

価値判断するかによって、和辻哲郎の議論全般が善玉にも悪玉にも論じ分けられてきたわけである。(1)

ここでは、前記とは別の視点から「間」の思想に議論の範囲を絞って考えていくことにする。このため、和辻哲郎の伝記的な問題や当人の思想の形成過程や影響関係といった問題は取り扱わない。むしろ、ここで重要なのは、和辻哲郎自身が「間」の思想を考えるにあたって、どのような問題に直面していたのかを問うことである。その場合に、主に考察するのは、「近代」と「近代哲学」が長年にわたって論じてきた「個人」という概念をめぐる諸問題と対比することである。

社会科学の理論をめぐる議論は、世界的にも「材料不足」が指摘されている。世界は一様な「近代化」に向かって収斂していくという議論が批判され、各々の地域やそれぞれの社会の独自性や多様性、伝統が強調される議論が注目を浴びた。いわゆる「ポストモダン」と呼ばれる議論がそれである。ただし、ポストモダンというのも、しばらく続けられていくと、昔のマルクス主義者が「資本主義」と呼んできたものを「近代」と言い換えて、それを非難しているにすぎないことが見えてくる。つまり、自分が暮らす現代社会に、何らかの形の「悪者」を想定し、あらゆる責任をそれに押しつけることで、広い意味での自分自身と「われわれ」を免罪化する作業である。

この種の議論が、ある種の人々の間で爽快感や連帯感を生み出し、何らかの精神的な救済をもたらすことはありうるのかもしれない。しかし、実際には、そんな「悪者」は実在しない。現に、その種の議論を展開する人々が、「マスメディア」と呼ばれる大小の「資本」に全面的に依存しており、自分（たち）だけを例外化することなどありえないからである。それは、いうならば「天に向かって唾を吐く」

ことである。

こうして種々の「悪者」探しは困難に陥る。悪者を探す自分自身が「悪者」の一員、しかもかなり有力な一員である可能性がどうしても見えてくるからである。口を極めて罵っても、罵られているのは、実は自分自身であるという自己言及的な思考がどうしても自分に帰ってくる。社会的な問題において、他者について語ることは、結局自分自身について語ることでもある。自分自身と切り離された「悪者」を非難する人々も、実際には、自分が普段よく知っている、つまり大いに加担している社会的関係について論じている。

そして、自分が深く関わっている社会的関係について、その醜悪さや悲惨さや不条理さをことさら強調し続けていると、それが自分の暮らす世界そのものであるかのように思えてくる。人間も人間の社会も多様であり、いろいろな人々がいろいろな生活を繰り広げている。立派で他人に賞賛されるに値する人々もいれば、卑怯で醜悪で弁護の余地のない人々もいる。しかし、多くは可もなく不可もないといった「普通の人々」が毎日を送っている。そんな普通の人々が大半を占める社会について、ことさらに醜悪さや悲惨さを強調することは、自分自身が暮らす社会について自分から絶望を引き受けることでもある。

理由は簡単で、人間は自己言及的に「社会」について考えているからである。いつの時代にも、どこの地域でも、「社会」について考える人々は、自分が毎日を送っている社会に出発し、また帰ってくる形で考えているし、それ以外は難しい。日本の大半の経済学者が研究しているのは、「日本経済」である。もちろん、法学者も政治学者も、社会学者も同じである。さらにいえば、過去の社会や外国の社会を研究する人々ですら、やはり自分が生活している社会の尺度で考えること以外は困難である。

そんな「社会」について、ことさらに不幸や困難を見いだそうとする人々は、おそらく自らの不幸を社会に投影しているのだろう。それは満たされない欲望であり、名声を勝ち得、富み栄える他者への嫉妬である。しかも、自己と他者の「格差」の原因を自分に問うのではなくて、広義の「他者」に押しつけようとする。自分が不幸なのは、広い社会全体を覆う不正や不当が原因であり、何も罪がない自分と自分たちはその種の「悪」のせいで不利な状況に陥っているのだと考える。そして、不幸な社会を強調すればするほど、ますます自分自身も不幸を感じてしまう。まさに、これは悪循環なのである。

悪循環に陥っている人々の議論をしばらく冷静に観察していると、興味深い共通点に気づかされる。それは、「社会」で起こっている困難を、特定の「悪の主体」のようなものに結びつける一方で、自分自身は独立した別個の主体であると考えていることである。そして、自分に無関係に生じている社会の悲惨な状況をまさに悲惨なものとして描く。社会は悲惨であれば悲惨であるほど、無関係な自分の地位が上がるかのようである。しかし、実際には、人間の社会生活において一元的な原因などというのはほとんどないし、多くの社会問題から完全に切り離された主体などというのもありえない。

そして、現に日々社会の悲惨さや「悪の主体」の罪業を非難し続けていると、自分もまた社会生活を送っていくのが難しくなってしまう。弱者に対する同情や不正に対する怒りには、倫理的な価値があるとしても、それらばかりで人間が生きていくことは難しい。絶望的な社会についてのみ語ることは、自分もまたそのような社会を再生産することになってしまうからである。人々は現実には日々社会を作り出すのに参加しており、いわゆる「コミット」している。本来多様な性質をみせる人間社会に「絶望」ばかりを強調していると、そこで暮らしている自分自身も、そこに暮らしている現実に直面させられてしまうからである。

この種の困難を救っているのが、まさに社会から切り離された認識者の主体という考えである。自分は関係がないから、関係のない「社会」は悲惨であるといくらでも主張することができる。もしも、自分自身も加担していたとすれば、絶望的な社会を作り出した「悪の主体」の一員になってしまう。自分が関わって作り出している「社会」について、絶望や悲惨さを語るならば、それらの責任は自分にも及んできてしまう。それを避けるには、自分は無関係であると考えるのが、最も手っ取り早く、簡単だからである。

それでは、この種の切り離し、つまり社会から遊離した認識者の主体というのはどのように生じてきたのだろうか。ここに、デカルトやカント以来のヨーロッパの哲学が長い間に保持してきた一つの思考様式の系譜を認めることができる。(2) それは、認識する「主体」と認識される「客体」を、あらかじめ切り離して考えるという思考様式である。この系譜については、稀代の思想史家でもあった和辻哲郎の言葉を借りた方がよいだろう。

2　哲学のスキャンダル？

和辻哲郎は「私の根本の考」を、近代の哲学が「主体」の問題をめぐって「常識の自然的立場」と離れていくことを指摘することで書き始める。

西洋の哲学を通観すると、極く大体に云って、ギリシア哲学に於ては自然、客体、森羅万象の有り方が問題にせられ、主体を問題にしていないのに対して、近代の哲学は主体の側へ眼を移したと云えようかと思う。その場合主体自体がどういうものであるかということを問題にするのではなく、自然とか客体とかが成立する根本条件として主体が前提されるのであって、この思想はカントに於て頂点に達する。デカルトが「我思う、故に我在り」から出発したのも、自我意識の基礎の上で、客体が如何に成立してくるかという点に関心が置かれている。その点はイギリスに於ても同様であるのみならず、寧ろイギリスの方が進歩が先であり、顕著でもあって、ロック、ヒューム等に於ては総てが観念になる。こうして哲学は、常識の自然的立場と全く異るに到っている。常識の立場では、自分と離れて対象が存在し、それをこちらから鏡のように写し取るのであるが、それに対して、近代の哲学は、意識がなければ対象はないという考え方をする。つまり自我が哲学の中心なのであって、それと共に、倫理学もすべてそうなってくる。（和辻哲郎「私の根本の考」、『現代日本文學大系』四〇、筑摩書房、一九七三年、一三九頁）

いわゆる「古代哲学」と近代哲学の違いは、この切り口から照射すると鮮明である。デカルトが始めてカントにおいて頂点に達する立場は、「主体」への集中に特性がある。しかも、近代哲学が論じる「個人」というのは、単なる認識枠組みであるにとどまらず、むしろそれ以上に倫理的な要請を含んでいる。「主体」への集中は、近代哲学の系譜を追うごとに強烈な性格を帯びるようになり、また同時に両義性やジレンマに直面していくことにもなる。

ただし、特定の形の思考様式が両義性やジレンマに直面することと、人間が考えうる思考の可能性がすべてにわたってそうなるのとは同じではない。少なくとも、人間には従来の型の思考以外のやり方を試してみる権利があるはずである。ここで考えてみたいのは、和辻哲郎がいう意味での「人間の学」あるいは、「間」の思想が社会学にとっていかなる意味をもちうるのかということである。自立した個人の陥った両義性やジレンマを、個人の「間」に着目することで乗り越えようというわけである。それ自体の発想としては、至って簡単で、あるいは安易と呼びうるのかもしれない。

たとえば、象徴的相互行為論と呼ばれる社会学の代表者の一人アーヴィング・ゴフマンは、『枠組み分析』（一九七四年）の序論で面白いことを書いている。

哲学にはひとつの尊い伝統があり、それによると読者が現実だと思っていることは単に影であり、また、著者が、知覚や思想や脳や言語や文化や新しい方法論、あるいは新たな社会的諸力について語ることによって、ヴェールが上がることになるというわけである。（Erving Goffman, *Frame Analysis: An Essay on the Organization of Experience*, Boston, 1986（1974）, p. 1）

ゴフマンによると、哲学のこの種の仕組みの骨格は、いわゆる「トーマスの定理」であり、「人は状況を現実であると定義すれば、結果として現実となる」。ただし、ゴフマンの考えでは、これは正しくもあり、間違ってもいる。定義によって結果もまた現実になるのは、社会生活のごく限られた局面だけであり、その他多くの局面は定義と無関係に進行するからである。社会生活は始めと終わりを区切られた芝居ではないのである（同所）。ゴフマンが問題にしたいのは、「定義」を与える個人ではなくて、むしろ個人の相互関係において生じている「今ここで起こっていること」の〝枠組み（frame）〟の方である。

哲学は伝統的に、人々が日常的に考えているのと異なった思考を可能にすることを誇らしげに主張してきた。哲学の入門というのは、多くの場合、日常的な思考や常識の否定にあり、普通の人間には見えないものを初心者にも見えるようにさせる。結果として、哲学を勉強した人々は、日常生活を送る普通の人々がもたない知的な特権をもつようになるというわけである。意地の悪い言い方をするならば、この種の日常性の否定が、哲学的な知識の存在意義にかなりの部分を占めている。ゴフマンがこの本で問い直そうとするのは、哲学が掲げる認識世界を問い直すことである。この点で、「相互行為」は決定的な意味をもつ。

実は、この問題は、和辻哲郎が「倫理学」で問題にしていた問題と共通している。そもそも自立した主体――個人――の認識が先行し、認識対象としての世界がそれに従属するという発想は、いわゆる「哲学」を学んだことのない人間の常識とはかなり隔たっている。人間は通常の場合、「世界」や「社会」や「環境」その他が、自分よりも先行していて、後からやってきた自分がその中で知覚したり、学習したり、他者との間で関係を築いたりすると考える。これに対して、カント以後の哲学は、天動説が地動説に転回したように逆転した思考をするようになった。カントが「コペルニクス的転回」と自称した認識論上の転換は、当人の理解では人間の認識能力の限界を自覚するという意図に基づいていた。人間の認識から自由にそのもの自体として存在する「モノ自体」は、人間には認識できないというわけである。ここに倫理学（実践哲学）者としてのカントの出発点もあるのだが、その後のヨーロッパ人の思考は、「個人」や「主体」の万能という「系譜学」に向かっていく。

これに対して、「世界」や「社会」を所与の前提として考える立場は、「カント以前」の認識論として、哲学の世界では「素朴な常識論」として扱われてきた。読者が現実だと常識的に考えている事柄は、哲学者によれば「影」であり、彼らが取り揃えている種々の範疇（カテゴリー）を勉強すると、次第に真の「現実」が明らかになるのだというわけである。

ただし、肝心の「主体」とか「個人」自体が哲学や認識論によってどのように説明されるのかというと、実は一筋縄ではいかない。和辻は先の引用のすぐ後で、次のように書いていた。

ところで、カントに於てはっきりしてきたことは、問題にしている主体は、一切の客体の世界の成立根拠になっているが、それ自身は認識の対象にならない、把握出来ないということである。対象にした自我は、客体―自我になってしまう。しかし倫理学の問題では、どうしても認識されないその自我が、いろんな行動をしたり、働いたりするのであるから、それを問題にせざるを得ない。カントは第一批判に於て、対象成立の地盤を、主体の内に、範疇の内に見出したのであるから、主体が範疇を包むのであって、逆に範疇によって主体を捉えることは出来ない。しかし実践哲学に於ては、その主体が、本体（Noumenon）という形而上的なものとして問題にされてくる。主体の存在は、日常、我々が実践している時は、極く身近かな事柄なのであるが、認識の問題としては実に面倒なのである。カントでもそれがうまく行っているとはいえない。特に、自我の存在は明証的であるにしても、他我の存在は論証が出来ない。カントはそのことを「哲学のスキャンダル」と呼んでいるが、カント以後でも事情は同じである。（和辻哲郎「私の根本の考」、一三九頁）

ここでいう「哲学のスキャンダル」は、哲学そのものというよりも、カントが始めた「転回」の副産物であったと考える方が正当であろう。認識する主体以外の、所与の「世界」や「社会」の存在を一旦否定してから認識論を始めるのだから、主体以外の「他者（他我）の存在」を「論証」することは難しくなる。ただし、この難しさは常識の世界に生きている人間には無縁のものである。この場合に問題になっているのは、カントを中心にして、一方ではデカルトまでさかのぼり、他方では今日の社会科学にまで及ぶ「個人」や「自我」の問題に何とかして整合性をつけようとしてきた思想家たちの探求である。

マックス・シェーラーは、デカルトは我思う、ということから、自我の明証をつかんだが、他我に就いてもDu-Evidenzがある、他我は初めから明証的なもので、あとからは、論証出来ないと考えた。戦前のドイツ現象学は、簡単に云えば、個人意識の立場で、カントと同じ問題を解決しようとしているのであるが、そこでも他我の問題、間─主体性の問題が、厄介な問題として残る。結局に於て、自我、個人意識を根本に置くのが、近代哲学の難点であって、経済学に於ける、欲望の主体

という概念に就いても同様のことが云えると思う。（和辻哲郎「私の根本の考」、一三九頁、Du-Evidenz＝他我明証性）

和辻哲郎がデカルトから現象学を通って経済学まで串刺しにして論じるのも、やはり「個人」であり、「自我」であり、「個人意識」であり、そして「欲望の主体」である。さまざまな分野の多様な人々がいろいろな方途によって実に多様なことを論じてきたが、結局は「個人」に終始する。この点では、デカルトが始めてカントで一つの頂点に至る思考様式から一歩も出ていない。おそらく「個人」をめぐる系譜学は、まだまだ書きつぐことができるし、人名と学説の仔細に入っていけば、いくらでも分厚くすることができるだろう。

再度、問題を「社会」に引きつけて考えると、カントの「自我」には、「他者」が論証できないのだから、数多くの他者が介在する「社会」について〝論証〟できないのはなおさらである。この結果、「社会」というのは、堅い外皮に覆われた核のような「個人」（あるいは「自我」や「主体」）を取り囲む多層の人間の群れ（認識対象としての「人々」）として考えられてきた。

和辻哲郎の議論をもち出さなくとも、「個人」を出発点に据えた社会像と個人の「間」の関係を出発点に据えた社会像の対比は、すでに古くから指摘されてきた論点である。場合によっては、すでに言い古されて陳腐になった議論であるといえるのかもしれない。ただし、指摘されればされるほど、また言い古されれば言い古されるほど、この問題の重要性が再認識されてきたのも事実である。(3)

問題は、むしろ個別的にはそれぞれの分野で周知になっている議論を比較することで、それぞれの領域の人々が考えてきた着想を生かし合うことであろう。そもそも、ここでの筆者の意図は社会学理論において「間」の思想がどのような意義をもちうるのかということを問うことにあった。それでは、社会学においては、この問題について、現にどのような議論が行われてきたのだろうか。

3　社会学と間の思想

自明すぎるからなのか、あるいは難しすぎて手におえないからなのか、あえて問われることが少ない社会学の根本問題が一つある。「社会とは何か?」という問題である。新興科学である社会学の、さして長くもない学説史の教科書をひもとけば、哲学者が「個人」の問題に終始するのに対し、社会学者は「個人」の単純な足し算や積分ではない「社会」を問題にすることによって自分たちの学科の独立を確保した、といった主旨のことが書かれている。たとえば、「創設者」あるいは「立法者」の一人とされているエミール・デュルケームは、「個人」と切り離した「社会」あるいは「社会的事実」を科学的研究の対象にできると宣言した。[4] デュルケームによれば、「社会」は、それを構成する構成員の人数の総和以上の現象であり、仮に二人しか構成員がいない「社会」があったとしても、その社会は各々の個人が単独では決して行わない、それどころか考えることすらしないことを現出する。それをデュルケームの言葉を使って「集団的沸騰」と呼ぶにせよ、あるいは「創発特性」と呼ぶにせよ、「社会」という日常用語の代わりに「システム」や「ホロン」という言葉を用いるにせよ、社会には個人に還元できない何かが生じているわけである。仮にそれを否定するならば、あらゆる社会問題は個人の自己認識や意識構造に還元できることになるし、「社会学」などという学問は用無しになってしまう。問題は単なる足し算・引き算か、あるいは種々の方程式による計算問題であるということになる。

これでは困ってしまうので、社会学者の中の何人かは、「社会」という概念の存在意義を実証しようと真剣に取り組んできた。やはり問題は「個人」にある。「社会」が「個人」という実在の単純な足し算以上の実在であるのならば、「個人」が単純に足し算できない概念であり、また存在であるということを多くの人々に向かって説得できなければならない。ここまで論じてくると、慧眼な読者はすでに気づいているように、問題は、やはり和辻哲郎の議論と共通しているのである。

たとえば、「文明化の過程」をめぐる議論で有名な社会学者ノルベルト・エリアスは、従来の社会学が自明の前提としてきた「個人」について次のように書いている。

社会学では何が問題なのか理解したければ、われわれは思考の中で自分自身に向き合い、自分自身が他の人間たちと同じ一人の人間であることに気づかなければならない。なぜなら、社会学は「社会」の諸問題を扱っており、社会について考察し研究する人間もみな、社会の中に含まれるからである。だが今日、自分自身について考察する場合に、われわれはしばしば自分自身を他の人間や「客体」と対立する者としてしか意識できないレベルにとどまり、他の人間や客体と越えがたい溝で隔てられているような感じを抱く。今日の自己意識のレベルに対応したそのような隔絶感は、多くの習慣的な概念や用語法に表れており、それらがまた隔絶感をまったく自明のことのように思わせ、絶えず再生産し、強化するのに寄与している。（ノルベルト・エリアス『社会学とは何か』徳安彰訳、法政大学出版局、一九九四年（原書一九七〇年）、一頁）

社会学というエリアスの名前で代表させるというのは、もしかすると乱暴なことなのかもしれない。一八九七年に生まれ一九九〇年に没したノルベルト・エリアスは、この世代にドイツ語圏に生まれたユダヤ系学者の通例にあるように、長い亡命生活を経験し、しかも異端の社会学者として各地の大学で非常勤教員としての生活を送り、国際的な名声を獲得したのはようやく晩年になってからであった。

エリアスの社会学の特性は、二つの側面にある。一つは、第二次世界大戦後のヨーロッパとアメリカの学問的な地位の逆転に伴う「歴史主義」、「歴史学派」、あるいは「歴史」を中軸に据えた社会科学の衰退という趨勢の中にあって、「歴史」をあえて中心問題とする社会学であるという点である。この点で、エリアスの援軍は「新しい歴史学」の名声を確立したフランスのアナール派の歴史学である。とりわけ一九九〇年代以後のアナール派の歴史学者は、エリアスの名前を前面に掲げることを躊躇しない。そして、もう一つは、エリアスが「閉じた人間（homo clausus）」と呼んで批判する近代主義的な「個人」概念の理論的有効性に対する全面的な批判である。エリアスが直接的に批判するのは、先の引用文にもあったように、社会学者が年来信奉してきた「個人」や「主体」であり、それらと完全に切り離された「対象」との関係である。

ここで重要なのは、もちろん後者である。エリアスは、非常にわかりやすい概念から出発して、従来の社会学理論が依拠してきた前提が抱えている矛盾点を明らかにする。

だからわれわれは、一人の人間とその環境、一人の子供とその家族、個人と社会、主体と諸客体といった言い方をするのだが、当の人間自身もその環境の一部、子どももその家族の一部、個人も社会の一部、主体も諸客体の一部であることを理解していないことが多い。もっと詳細に見れば、例えば子どもにとってのいわゆる「環境」は、第一に父親や母親やきょうだいといった他の人間たちによって形成されていることがわかる。われわれが概念上「家族」と呼ぶものは、子ども抜きでは「家族」でなくなるだろう。われわれがしばしば「個人」と対置させて考える社会というものは、まったくもって個人によって形成されており、この個人の一人がわれわれ自身である。（エリアス、同書、一一―一二頁）

エリアスの帰謬法（reductio ad absurdum）は、社会学者が依存する「個人」と「社会」（社会的な諸集団）の間にある古くからの矛盾に意識を向けさせることに力点がある。別の言い方をすれば、従来の社会学理論が依拠していた「個人」と「対象」の関係は、個人が自らに自己言及することによって矛盾に陥るのである。つまり、自立した個人や主体が、自然科学が扱う対象を論じる場合には問題がないのだが、社会科学が扱う対象を論じる場合には、自己言及の問題を回避することができない。人はしばしば岩石や家屋を扱うように学校や家族を取り扱おうとするが、学校や家族を構成しているのは、社会（科）学者自身と同じ人間であり、個人なのである。そして、個人は研究対象である個々の集団を、学問の対象として認識したり、研究したりするのと同時に、該当する個々の集団の構成員として行動している。言い方を変えるならば、社会（科）学者は、研究しながら行動しているのであり、行動しながら研究しているのである。研究と行動は同時進行しており、両者を切り離して「客観的」に記述することがはたしてできるのだろうか、という難問に常に直面し続けなければならない。

この問題は、たとえば、経済学と経済行為（利潤追求行為）の関係について考えてみれば、理解しやすい。経済学の目的は大きな意味での経済行為（社会全体の経済活動）を円滑に推移、発展させること以外にありえないが、経済学を研究する経済学者自身の居場所は一体どこなのかという問題が常に付きまとう。確かに、両者を切り離すことによって経済学は「科学」として成立し、大きな成果を収めてきた。しかし、科学的な約束事（作業仮説）がそうであることと、認識対象が現にそうであることとは決して同じではない。現に、経済学者も経済学で収入を得、そして経済的な主体として行為しているのである。そして、当人自身が日々経済的主体として成功すること（利潤の極大化）を、やはり人一倍願っているわけである。しかも、その願いは必ずしもかなえられるとは限らない。もちろん、自己言及の問題は「人間」を研究対象とするあらゆる知的営為に関係している。人は、医師自身の健康だけではなくて、倫理学者の倫理性や、教育学者の教育、政治学者の政治的立場、あるいは法学者の行為の合法性を問うことが可能なのである。

ところが、エリアスの考えでは、実情は別である。だが、われわれの言語表現や思考の手段のかなりの部分は、あたかも一人の人間の外部にあるすべてのものが「客体」という性格を持ち、さらには一般に静止した客体という性格を持っているかのように形成されている。「家族」や「学校」といった概念は、たしかに人間のネットワークを指している。だが、従来のタイプの言葉や概念では、家族や学校といった場合、あたかも岩石や樹木や家屋と同じような対象、客体が問題であるかのように思われてしまう。われわれ自身をも含む相互依存的な人間の諸集団に関する従来の言語表現の手段とそれに対応する思考操作の物象化的性格は、社会の概念そのものにも、またわが社会について考察する方法にも表れている。「社会」は社会学者が研究にと努める「対象」である、という言い方をわれわれはする。だが、この物象化的な表現法のために、社会学の研究領域への理解への到達が少なからず妨げられているのである。（エリアス、同書、二一頁）

エリアスのいう「社会学」というのは、認識主体と認識対象（客体）の間の特権的な分離を否定するところに成り立っている。エリアスが突くのは、上空の無限遠点に存在し、地上の森羅万象を〝客観的〟に認識するといった科学観が内包している矛盾である。人は岩石や樹木のような対象――自然科学の対象――を取り扱う場合には、自己言及の問題を免れる可能性が高い。これに対して、「家族」や「学校」という概念は、認識主体自身をその内側に含んでいる場合が多い。「社会」という概念に至っては、自己言及から逃れる可能性はありえない。

別の観点から言えば、エリアスの議論は社会学理論が古くから継承してきた行為主体（agent）と構造（structure）の区別という考え方を克服しようとするものである。主体と対象（社会構造）の二項対立に代わってエリアスが提示するのが「フィギュレーション（Figuration）」である。複数の人間が織り成す関係性の単位であるフィギュレーションは、一方では行為主体（個人もしくは集団）を指しながら、他方では同時に、闘争や協力といった相互依存関係（構造）をも視野に入れる。「エリアスにとって行為者というのは『閉じたアトム』ではなく、また彼らの相互関係から切り離して知覚できるものでもないのであり、行為者と構造を区別することなどは無意味なのである。この区別は、不可避に物象化をもたらし、各々の構造を、社会においてすべてを支配する神秘的な実在であるかのようにしてしまう」[5]。

　エリアスの批判対象として直接に念頭にあるのは、タルコット・パーソンズの機能主義である。大著『文明化の過程』を再刊するにあたって一九六八年に書かれた「序論」では、多くの頁を割いてパーソンズの理論を批判している。ただし、エリアスが問題にしたいのは、パーソンズよりも、パーソンズに絶大な影響を与えたマックス・ウェーバーの理論であることは、仔細に読んでいけば理解できる。この意味で、パーソンズは「代理戦争」に直面させられていることになる。このことはエリアスの学問的な経歴を考えると興味をそそる。エリアスは一九二四年にハイデルベルク大学に教授資格論文のために在籍しており、この時の指導教授はマックス・ウェーバーの弟のアルフレート・ウェーバーである。自らも経済学者として名を成したアルフレートは、マックス・ウェーバーの妻マリアンネとともに戦間期から第二次世界大戦後のハイデルベルクで大きな影響力を誇った権威者であった。しかも、パーソンズもまたハイデルベルクに留学し、一九二〇年代にアルフレート・ウェーバーに博士論文「ゾンバルトとマックス・ウェーバーにおける資本主義」を提出している。この意味で、エリアスとパーソンズは兄弟弟子なのである。エリアスとパーソンズにとってのマックス・ウェーバーの位置付けの重要さは、単に伝記的な事実を指摘するだけでも明らかであろう。

　肝心のマックス・ウェーバーは「社会」を論じるにあたって、自立的で完全に自足した個人と、これまた自立的な社会的全体を所与の現実としており、そこからパーソンズという「後継者」が登場しているわけである[6]。エリアスはマックス・ウェーバーの「所与の現実」から離反し、パーソンズはそれに従うことで「戦後」のアメリカ社会学、さらには世界的な社会学の主流理論を建設するわけである。再度確認するならば、マックス・ウェーバーとパーソンズにとっての「社会」とは、個人から切り離された「認識対象」であり、客観的――あるいは、価値自由――に認識可能な主意主義による行為理論の体系（システム）である。これに対して、エリアスにとっての「社会」とは、相互に関係し合い、相互に依存関係にある大小の網目（Figuration）なのである。エリアスにおいては、「個人」の存在は全否定されないが、むしろ個人の間に日々生じている関係性の方が「社会学」として重視される。「社会」とは「個人」の足し算ではなくて、個人の「間」や「間柄」に生じている関係性の問題なのである。

和辻哲郎の議論に再度立ち返ると、大著『倫理学』の冒頭には次の一文がある。エリアスが一九六〇年代になって論じる議論を、和辻はすでに一九三〇年代に行っていたことに、あらためて驚かされる。

倫理学を『人間』の学として規定しようとする試みの第一の意義は、倫理を単に個人意識の問題とする近世の誤謬から脱却することである。この誤謬は近世の個人主義的人間観に基づいている。個人の把握はそれ自身としては近代精神の功績であり、また我々が忘れ去ってはならない重大な意義を帯びるのであるが、しかし個人主義は、人間存在の一つの契機に過ぎない個人を取って人間全体に代わらせようとした。この抽象性があらゆる誤謬のもととなるのである。近世哲学の出発点たる孤立的自我の立場もまさにその一例にほかならない。自我の立場が客体的なる自然の観照の問題に己れを限る限りにおいては、誤謬はさほど顕著ではない。なぜなら自然観照の立場はすでに具体的な人間存在を一歩遊離したものであり、そうして各人が標本的に『対象を観る者』すなわち主観として通用し得る場面だからである。しかるに人間存在の問題、実践的行為的連関の問題にとっては、右のような孤立的主観は本来かかわりがないのである。（和辻哲郎『倫理学』（一）、岩波文庫、二〇〇七年、一九頁）

自然科学的、あるいは自然（科学）主義的な認識方法に対する批判は、新カント派の認識論以来、解釈学や現象学、さらには生の哲学と呼ばれる運動にも共通した立場であって、別段珍しいものではない。重要なのは、自然科学において大きな成功を収めた自立した認識者と認識対象の区別という考え方に対する批判である。

新カント派以来の自然科学主義批判の要点は、社会科学や人文科学――いわゆる「文化科学」――の領域にまで自然科学的な法則を樹立しようとする立場を攻撃することであった。古くはコントの「実証主義」や種々のマルクス主義者による「歴史法則」から、二〇世紀初頭に登場した各種の「科学」に至るまで、物理学に科学の理想の姿を見る人々は、多種多様な「法則」を掲げて社会科学や人文科学の諸問題を「科学」に仕立て（引き上げ）ようとした。これに対して新カント派の哲学者たちが掲げたのが、「歴史」であり、人間に独自なものとしての「精神」であり、「文化」や「芸術」であった。「文化」を、自然科学と不可分に結びついた「文明」から区別しようといった主張もこの文脈と関係している。「物質文明と精神文化」といった二項対立で考える思考様式もこの仲間である。そして、「生」や「生世界（生活世界 Lebenswelt）」や「実存」を掲げる潮流も、ごく近距離にあった。

ただし、これらの立場にあっても、やはり自立した個人という出発点は堅く保持されていた。個人というのは、「人間存在の一つの契機」ではなくて、「人間全体」それ自体と同一視されていたわけである。和辻にとって重要なのは、この自立した個人が単なる認識論的な約束事（規約）であるにとどまらず、むしろ倫理的な価値判断の対象となってきたことである。

しかも人と人との行為的連関を捨象した孤立的主観の立場がここでは強いて倫理問題にまで適用せられる。そこで倫理問題の場所もまた主観と自然との関係に限定せられ、その中で認識の問題に対立する意志の問題として己れの領域を与えられる。従って自然に対する自己の独立とか自己の自己自身に対する支配とか、自己の欲望の充足とかいうごときことが倫理問題の中心に置かれる。しかしどの方向に理論を導こうとこの立場でのみ問題を解決することはできない。結局超個人的なる自己、あるいは社会の幸福、人類の福祉というごときことを持ち出さなくては、原理は立てられないのである。そうしてこのことはまさに倫理問題が個人意識のみの問題でないことを示している。

（和辻哲郎、同書、一九―二〇頁）

和辻の議論は、単に倫理自体の問題だけではなくて、倫理的な思考を行う人間の位置という問題にまでつながっている。言い換えるならば、倫理的（道徳的）な価値判断が行われる際の視点が問題になっているのである。つまり、従来の倫理学は、「孤立的主観」が行う個々の営利活動（欲望の充足）や自然環境に対する特定の形の支配が、倫理的であるかどうかということばかりを問題にしてきたというわけである。

これに対して、和辻によれば、「孤立的主観」や自立した個人を問い直すことは行われてこなかった。

別の言い方をするならば、「孤立的主観」というのは、倫理的判断をする主体であるだけではなくて、それ自体が倫理的判断だったわけである。この意味で、和辻の仕事は学問として倫理学的であると同時に、倫理的な性格をもっていると考えることができる。それは、自立した個人を何ものにも代えがたい至上価値と考える立場を問い直すことでもある。それは言い換えるならば、何ものにも依存しない特権的な主体と、主体が操作したり、加工したり、さらには支配したりする対象という関係そのものを問題にすることである。ここから和辻哲郎が向かおうとするのが、「間柄」を出発点とする倫理学である。

倫理問題の場所は孤立的個人の意識にではなくしてまさに人と人との間柄にある。だから倫理学は人間の学なのである。人と人との間柄の問題としてでなくては行為の善悪も責任も徳も真に解くことができない。しかも我々はこのことを最も手近に、今ここで問題としている「倫理」という概念自身において明らかにすることができるのである。（和辻哲郎、同書、二〇頁）

それでは、和辻にとって「倫理学者」、あるいは「哲学者」というのは、〝どこ〟にいるのだろうか？上空の無限遠点に漂うにせよ、認識主体と客体の特権的な分離を前提とする思考は、少なくとも主体の存在だけは論理的には明確であった。この種の思考をする人々は、自分自身という認識主体の存在だけは確実であると信じていたはずである。そして、存在する以上はどこかに居場所があるはずである。ところが、「主体」に代わって「間柄」を強調すると、この種の考察を行い、判断を下す和辻哲郎自身はいったいどこにいるのだろうか、それ以前に、そもそも存在するのかという問題が浮上してくることになる。和辻哲郎は、何が倫理的であると、どんな根拠に基づいて価値判断できるのだろうか。特定の主体があって、それが何らかの絶対的な基準――宗教的信仰や普遍倫理にあたるもの――に基づいて判断するというのならば、肝心の基準や信仰や倫理を受け入れるかどうかは読者の判断によるとしても、当人の中では論理的に一貫していることになるだろう。

ところが、和辻は「間柄」を倫理の基準に置いているので、基準は常に「間柄」で変動しなければならなくなる。また、変動できなくては「間柄」と呼ぶに値しないだろう。人の間（人間）で常時変動し、その時々、瞬間瞬間に決定されていくからこそ、「間柄」が問題になりうるのである。絶対的で、不変で、普遍的な「間柄」などというものは、少し思考実験してみれば、それが単なる詭弁であることがわかる。「間柄」が絶対として固定されるならば、それは間柄をはさんだ双方の間にあるのではなくて、双方と無関係に超絶する絶対者でしかない。

すると、この場合の「倫理」というのは一体何ものなのかという疑問が湧いてくる。人の間（人間）で常時変動する基準ならば、それは「倫理」というよりも、むしろ「社会」や「社会的関係」と呼んだ方がよいのではないだろうか。こうして、和辻の「倫理学」が抱える最大の問題（困難、パラドックス）に行き着くことになる。一方で倫理の成立の条件付けを問いながら、もう一方で倫理的な判断を下そうとする。素朴に考えるならば、ここには二重基準が含まれているように思われる。

突き放した視点から考えるならば、和辻において「倫理学」というのは、二つの視点を合体した学なのであろう。一つは、人が倫理的であることを探求する学であり（通常の意味での倫理学、あるいは道徳学）、もう一つは人々が倫理的であると価値判断している様態を観察する学である。和辻は両者を同時に探求しようとしている。そして、和辻の「倫理学」が最も成功しているのは、私見では、後者の視点に基づく場合である。そして、ここから和辻倫理学最大の成功と評されてきた「風土」をめぐる考察が可能になる。

話が私事にわたることを許していただくならば、筆者は「和辻倫理学」が抱える前記の問題について、長らく逡巡を繰り返してきた。人の間（人間）で常時変動する倫理などは、突き詰めていけば倫理の名に値しないものではなかろうか。ただし、「倫理（道徳）」それ自体ではなくて、倫理（道徳）や価値判断を取扱う学問、あるいは人々が倫理的であると価値判断している様態を観察する学として「倫理学」を論じるならば、事情は異なってくる。このことに気づかせてくれたのは、フランスの日本学研究者オギュスタン・ベルクの研究であった。

重要なのは、この特異な個性の概念は、その地方の住民が自分の環境の現象に向けるまなざしを想定しているということだ。住民はこれを感じ、解釈し、ある特定の仕方でこれをみずから生きる。だからここで重要なのは理解することであり、ハイデガー的な世界性（Weltlichkeit）の概念と同じように、風土性の概念にはある解釈の方法が想定されているのである。この方法は、測定可能な対象をその外側から調べる自然主義的な方法とは根本的に異なるのだ。和辻の方法は自然主義的な方法とは正反対に、意味＝おもむきがどのように生まれるか、この意味＝おもむきをどのように特徴づけるかを、内側から把握しようとする。自然環境と人間の風土の違いを示すために、和辻はこのような視点に立っているのである。（オギュスタン・ベルク『風土学序説　文化をふたたび自然に、自

然をふたたび文化に』中山元訳、筑摩書房、二〇〇二年（原書二〇〇〇年）、二二〇頁）

ここでベルクは、周知の自然（科学）主義批判と、解釈学やハイデッガー、そして和辻の「風土」論や「倫理学」を、一続きのものとして見事に説明してくれている。ただし、私見をさらに追加するならば、和辻のいう「倫理学」というのは、社会学、とりわけ知識社会学と呼ぶべきであるように思われる。つまり、和辻の議論は、倫理的な命題を探求することよりも、むしろ倫理そのものを括弧に入れてその社会的な在り方を解明するのにより適しているからである。

エリアスの議論に戻るならば、エリアスの「社会学」というのも二つの視点が重なり合っているということができる。一つは、人が現に社会生活を送っている事実であり、ここには「社会学者」も含まれる。そして、もう一つは人々が「社会」をどのように考えているのかということを観察することである。こうして問題は、和辻哲郎が「社会学」とどのように取り組んでいたのかということに移ることになる。

4　倫理学と社会学の間

和辻哲郎の「私の根本の考」に戻ると、哲学者たちの教説に対する検討が続いていく。主体は確に自我であるが、それは同時に他人の自我でもある。無数の自我が勘定のうちに入って来なくては、主体の問題は解決されない。カントが、主体は本体であって、そこには範疇が当てはまらないと考えたように、主体の問題は処理の困難な問題であるが、実際問題としてはコーヘンの所謂、法人意志のような、自我聯関的な主体が存在し、働いている。その間の真相に肉薄して行かなくては、倫理学の問題は突っ込みが足りなくなる。（和辻哲郎「私の根本の考」、一三九―一四〇頁）

こうして和辻は哲学から「倫理学」の独自性を勝ち取ろうとする。哲学が「個人」の学であるのに対し、倫理学というのは「人間（じんかん）」の学として、哲学から独立しようという発想がここにある。現に、和辻哲郎は一九三四年以降東京帝国大学文学部倫理学科を代表する教授であった。ただし、和辻はよく似た主旨を掲げて哲学から独立しようとする新興学科がヨーロッパで注目を集めつつあるのを、よく知っていたはずである。それは、まさに「間の思想」を問うことによって自らの存在意義を確立しようとする学問であった。

それをつつき始めたのは十九世紀以来の**社会学**である。尤も、学問上の専門意識の為か、個人のほかに社会があるという考え方をする弊があって、その結果、今の問題が又ずれてくる。いつも個人を離れた別の秩序のものをつかまえるという風にずれてきて、個人と全体との聯関が見失われる。しかしタルドは天才的な社会学者であって、面白い考え方をしている、彼は自分のやる社会学は脳と脳との**間**の社会学だということを述べている。タルドの根本命題は「社会は模倣である」というのであって、あらゆる意識の問題が模倣に還元される。たとえば、欲望は、普通は自我と客体との関係で考えられるが、これは抽象的である。飢餓に対応するものは、新たに探す自然物などではなくて、すでに社会的に決っている食物であって、飢餓は、パン、米等を食いたいというかたちであらわれる、社会的関係が先で、それより根本的な、自然現象としての飢餓のようなものは、実際にはなくて抽象である。**かような社会学者の仕事によって、主体自体が複雑な聯関構造を持っており、それは意識の問題が起るより先の問題であるということがだんだん明らかになってくる。**（和辻哲郎「私の根本の考」、一二三九―一二四〇頁、太字強調は犬飼）

ここに、自分の学科を一人で代表する和辻哲郎教授のいう意味での「倫理学」と、ヨーロッパで興隆しつつあった「社会学」の間の、緊張関係を読み取ることは容易である。そもそも和辻は文部省から命じられてドイツに留学した経歴をもつ人物である。ショーペンハウアーを学部の卒業論文の課題に選び、日本最初期のニーチェ研究で学界に登場した和辻哲郎が、「洋行」を経て、多くの伝記研究者が強調するように、「日本回帰」する。同時代、「洋行」先のヨーロッパ諸国では新興科学の「社会学」が注目を集めていた。和辻ほどの博学者が、このあたりの事情を知らないなどということはありえない。それどころか、和辻はこの新参者の社会科学に対して特定の形での立場表明を迫られたのである。

そして、和辻哲郎は社会学がその開始期から指摘されてきた「社会実在論」への批判をここで開陳する。毎度おなじみの議論を紹介することになるが、念のためここに記しておくことにする。それらの多くは、社会学が「社会」を実体化しており、人間に関わるあらゆる問題は「社会」という名前の万能神の支配下にあると、社会学が主張しているという批判である。要するに何でもかんでも「社会」が規定しており、社会学者たちが私有する「社会」という名の便利なブラックボックスからは、ありとあらゆる説明が魔法のウサギのように飛び出してくるというわけである。そんな万能薬を誇らしげに「社会学主義」と自称する人もいれば、揶揄して「社会学帝国主義」と呼ぶ人もいる。この問題はオーギュスト・コントが「社会学」という用語を創唱したときからこの学問に付きまとっている。さらに、世紀転換期（一九―二〇世紀の転換期）に活躍したエミール・デュルケームが社会学を大学の学科として確立した頃、「社会」とは一体何ものなのだ？という疑問が学界に広まっていた[7]。このことは、とりわけデュルケームの「社会学」が挙げた成果をどう評価するかによって判断が分かれる。デュルケームが「社会分業」を前面に据えて〝偉大な社会〟と、そうではない社会を比較し始めたとき、さらには社会集団が抱える「集団的沸騰」について語り始めたとき、一部の人々には「社会」というのは一種神聖な実体であるかのように思われた。ただし、少なくない人々が熱狂的に支持する一方では、「社会」という概念の怪しげな性格に疑問を抱く人々がいたわけである。

とりわけ、独立した「個人」にこだわる人々にとっては、この種の主張は許しがたいものであったことが容易に想像できる。「個人」を認識枠組みとしてだけではなくて、倫理的な価値判断の対象と考えている人々が、社会学を非難した理由はさらにいっそう理解しやすい。彼らにとって、何ものにも依存しない存在者であるはずの「個人」は、無条件に唯一の実在（実体）である。この立場からすれば、個人とは別に、「社会」などという怪しげな実在（実体）を強調する立場は許しがたいものであった。

これに対して、和辻哲郎はいち早く「間」の思想を「社会学」――ここではタルドの模倣社会学――の中に見つけ出していた。和辻にとって「社会学者の仕事」というのは、「主体」の自立（自律）を確保することではなくて、主体の「間」の関係性を問題にすることなのである。和辻による「間」の思想の探求は、マルクスの議論にも及んでいく。

マルクスはタルドより少し前の人であるが、そのドイチェ・イデオロギーの中に、言葉と意識の起源を説いた優れた叙述がある。言葉と意識とは同時に社会的に起るものである。言葉は、交渉する相手がなくては存在しない。意志を通ずる相手がなくては、言葉は、従って意識は起らない。主体の間の関係を結ぶことによって人間の意識が成立してくる。ロビンソン・クルーソーを出発点とする考え方は根本的な誤謬を犯している、というのであって、これなどは、十九世紀後半という時代の明白な反映だと考えられる。殊にマルクスが、動物は関係を作ることをしない、それをするのは人間のみであると考えているのは、注目に値する点であろう。（和辻哲郎「私の根本の考」、一四〇頁）

確かに、マルクスとエンゲルスは『ドイツ・イデオロギー』（一八四六年）において、社会分業の拡大と諸個人相互の間の交流（交通Verkehr）の進化が、封建制から資本制への移行をもたらしたことを論じている。その結果が、いわゆる「意識の生産」である。「意識」は社会的な生産関係の「生産物」であるということになる[8]。通常の解釈では、意識が社会を生産すると考える伝統的な観念論を、ここでマルクスとエンゲルスが「唯物論」へと逆転したのだということになっている。ただし、肝心の土台――「イデオロギーの現実的土台」――となる、意識の生産者は、マルクスとエンゲルスの議論にあっても、実は個人の「間」に生じている相互関係なのである。

戸坂潤は早くも一九三〇年代に、「マルクスを換骨奪胎することによって、マルクス主義的なものから日本的なものへ直線的に走る」と、和辻哲郎を批判していた[9]。戸坂の批判を和辻が知っていたのかどうかは別として、マルクスを「間」の思想の先駆者として顕彰する和辻の手際は確かに見事である。単純な経済決定論者としてのマルクスではなくて、複雑な社会過程の相互関係を問題にした先駆者としてマルクスを再評価しようというわけである。後年ソビエト流の「教条マルクス主義」（自然科学主義、あるいは歴史法則主義と経済決定論の合体物）を批判する人々が、「マルクスを読み直す」ために強調してきた論点を、和辻哲郎がすでに先取りしていたことは印象的である。それらは、しばしば社会学の先駆者としてのマルクス、あるいは社会学の方法論としてのマルクス主義という理解に行き着くことになる。現に、この側面で「マルクス」の議論は、多様な領域を横断して新しい論点を生み出しつつある。一九九〇年代にソビエト式の「現存社会主義」が次々と崩壊していったのを尻目に、マルクスが百年前に主張した論点のかなりの部分は、二一世紀の世界においても有効性を失っていない。

筆者も、実はこの点で和辻哲郎の議論に大いに触発された一人である。政治的、あるいはイデオロギーの上での対立によって見えなくなってきた論点が、「マルクス」にはいまだに多くある。現に、マルクスが人間だけに可能な関係性の中に独自の哲学を建設しようとしたことは誰にも否定できないのである。そもそも、所有と非所有の「間」で特権的に分離された人間関係に、「搾取」や「物象化」「人間の商品化」といった現象がもつ非倫理性を指摘したのも、ほかならぬマルクス自身だったのである。倫理の問題に限定していうならば、「間」の思想としての「マルクス」は、関係性の倫理を論じていたと理解することもできよう。倫理学者としての和辻の眼力がここにあるのは間違いない。

こういう風にみてくると、主体を考える時は、個人主体間の交渉関係なり、組織なりを初めから考えなければならなくなる。客体との交渉関係は寧ろそこから出てくると考えねばならない。主体自身の持つ関係なり組織なりを（物を作る際は生産関係を）つきとめる時に、初めて、人間がどういう風に行為しているか、又行為すべきかという問題の根本につきあたるのではないか。それが倫理学の第一に解決すべき問題ではないか。かような立場から過去の哲学を考えてみると、そういう風に問題をたてていないだけで、そういう問題にたえずつき当っていることは事実であるが、それを正面から問題にすることは、道徳意識の問題が根強い伝統となっている西洋の倫理学者の立場からは、極めて困難であったと考えられる。（和辻哲郎「私の根本の考」、一四〇頁）

和辻が「私の根本の考」と呼ぶものから振り返ってみると、西洋の「過去の哲学」のすべてが和辻の「倫理学」を生み出すための準備であったように見えてくる。カントもマルクスも、タルドも、「社会学」も、「間」の思想の先行者であり、先行者の仕事を達成し、仕上げるのは和辻哲郎なのだということになる。しかも、和辻の立論を批判することは容易ではない。「個人」ではなくて、「間」の思想に意義を認めてしまった瞬間に、人は和辻の論理の術中にはまってしまうからである。

とりわけ社会学者にとって和辻哲郎の論理はほとんど回避不能である。ただし、一つだけ重要な論点が残されていることを再確認する必要がある。それは、和辻の議論がなぜ「倫理学」であって、「社会学」でないのかという疑問である。現に、和辻は「道徳意識の問題が強い伝統となっている西洋の倫理学者」と自分自身を区別しようとしている。しかし、今ここで思考し、認識し、道徳（倫理）的に判断する主体の「道徳意識」を問題にしない「倫理学」というのは、一体何なのだろうか？「道徳意識」の伝統と袂を分かつ「倫理学」などというのが、果たして可能なのだろうか？

ここまで考えてくると、和辻の「倫理学」が含んでいる二つの側面を再度考える必要に迫られる。ここでは、先に、和辻の「倫理学」を二つの視点を合体した学であると論じてきた。一つは、和辻自身が倫理的価値判断を下す学としての側面であり、もう一つは、人々が倫理的価値判断を下し合う様子を考察・記述する学としての側面である。振り返ってみると、和辻哲郎は、これら二つの側面を巧みに使い分けて自分の議論を組み立てているのではないだろうか。

ここでの議論に――かなり強引であることを承知で――引きつけて言い換えると、和辻の倫理学（「間」の思想）は、一方では当人が倫理的に価値判断する「日本」に向けられており、もう一方は社会学につながっている。後者を「和辻**社会学**」と呼ぶことは、不可能ではないのではなかろうか？　さらにいえば、和辻哲郎の議論は、倫理（倫理学）と社会学の二重構造になっている。筆者の考えでは、「日本」や「日本らしさ」をめぐる〝倫理（学）〟を語る場合と、自らとは異なった思想に対して〝社会学〟

として疑義を呈する場合、別の「和辻哲郎」が存在している。和辻にとって、「日本」は、批判者たちが年来論じてきたように、学問ではなくて、価値判断なのである。ここから「日本回帰」を問題視したり、「日本イデオロギー」の独善を非難することは、的外れではない。現に、和辻哲郎は「間」の思想を、「日本」の独自性や「日本学」の根本に据える一方で、ヨーロッパ近代哲学の限界（ジレンマ、袋小路）を乗り越え、突破する哲学思想であると考えていた。

しかし、和辻の主張とは別に、「間」の思想は「日本」に独自でもなければ、和辻哲郎独自の発明でもないのである。突き放した視点から考えるならば、和辻哲郎は社会学を利用してヨーロッパ近代哲学を批判しながら、同時に、社会学を「日本」に独自な価値・倫理・道徳へと転化しようとしたのではないだろうか。言い方を変えるならば、和辻哲郎は学問的に論証できる以上のことを「倫理学」に添加していたということになるのではなかろうか。

5　間の思想と相互作用

和辻哲郎が社会学を利用して自らの倫理（道徳）を建設しようとしたのならば、肝心の「社会学」はどういう議論を展開していたのだろうか。ここで論じている「社会学」にも、そろそろ「間」の思想の真打格が登場する必要が生じているわけである。

ゲオルク・ジンメルが有名な「相互関係（Wechselwirkung）」概念を提示したとき、念頭にあったのも、やはり「個人」中心の論点を克服することであった[10]。ジンメルは晩年の『社会学の根本問題』（一九一七年）で次のように書いている。

そこでさて、社会科学的な考察の権利をすべての現実の出来事はたんに個人にのみ生じるということとは関係なく、なおより徹底的に基礎づけることができよう。個人的な事件系列の認識によって直接の現実がとらえられるというのは、けっして真実ではない。この現実というのは、先ずはいくらかのイメージの複合体として、連続的に相互に入り組みあった諸現象の表面としてあたえられている。われわれがこのあるがままの第一次的な存在を諸個人の運命へと分け、諸現象の単純な事実を個々の担い手に還元し、それをいわば結節点としての担い手のなかに集めるとすれば、これもまた直接に存在している現実的なものの後からの精神的な形成であり、われわれはこれをたんに長く続いた習慣からまったく自明に、しかも事物そのものの性質によってあたえられたかのように行っているにすぎない。この形成は望めばまったく主観的であるが、しかしまたそれは有効な認識像を与えるから、まったく客観的でもあり、社会というカテゴリーのもとでの所与の総括と同じである。直接に現われる実在やあるいは体験された実在が、個人的な主体から問題とされるべきかそれとも集合的な主体から問題とされるべきか、これを決定するのはたんに認識の特別な目的のみである。——二つの主体はともに等しく「立場」であり、たがいに現実と抽象とのように向かいあっているのではなく、われわれの考察の方法として、双方とも「現実」からは離れている。——現実そのものはけっして科学であることはできず、そのようなカテゴリーによって初めて認識の形式を受け入れる。（ゲオルク・ジンメル『社会学の根本問題』居安正訳、世界思想社、二〇〇四年、一〇－一一頁）

ジンメルがこの文章を一九一七年に発表していることは、一九三〇年代の和辻哲郎に一定の責任を負わせることになる。ジンメルは和辻にとって、決して無視することのできる人名ではないのである。現に、和辻哲郎は先に引用した『倫理学』の中で何度もジンメルの議論に言及している。たとえば、先の「私の根本の考」からの引用にも登場していたタルドの社会学の問題点——「模倣」という概念の一面性——を指摘する中で、和辻は次のように書いている。

このような一面性は社会を間柄として把握しようとする社会学者に一般に認められると言ってよい。たとえば**ジンメル**である。彼はタルドが個人の間の意識関係をことごとく模倣に帰せしめようとしたのに対して、かかる心理的相互作用が単に模倣の現象においてのみならず、上下の服属関係、競争、分業、党派の形成、代表、等々の関係形式に現われることを明らかにしようとした。また、タルドが社会学を意識間の心理学と考えたのに対して、彼は相互作用という「心理現象」が心理学的にではなく社会学的に取り扱わるべきことを主張した。というのは個々人の間の相互作用や関係からその心理的な実質を抜き去って、ただ関係形式、相互作用の仕方だけを把握せねばならぬという意味である。ここにタルドよりも広い眼界が得られ、社会学の独立が確保せられたように見える。

（和辻哲郎『倫理学』（一）、一五九―一六〇頁、太字強調は犬飼）

「和辻哲郎とジンメル」の理論的・哲学的な関係は、さらに探求していくならば、おそらく実り多い論点や斬新な着想の宝庫になりうるはずである。そこには「間」の思想をめぐる独創的な思索者たちの緊張がみなぎっているからである。ただし、和辻哲郎がジンメルの議論をそのまま無条件に受け入れているわけではないことにも注意を払っておかなければならない。上記の引用部分の続きは次のようになっている。

しかしここに取り扱われる相互作用の形式がアトム的な個人の間の結合形式であり、従って社会はただ関係づけであって強制でなく、社会と個人との間に否定的な関係が認められておらぬ、という点は同じなのである。（和辻哲郎、同書、一六〇頁）

ジンメルにあっては、まだ近代（主義）的な個人や主体（アトム的な個人）が残っている、というわけである。これはジンメルの議論に対する理解としては、めずらしいものではないといえる。これに対して、ジンメルの「社会学」にはもっと多様な論点が含まれていると主張することも可能であろう。ただし、ここでは頭の中で一つの引き算を想像すると面白いだろう。それは、和辻哲郎からジンメルを引いてみたら何が残るのかを、考えてみることである。和辻にはあって、ジンメルにはない論点を見つけることである。すると、ヨーロッパ近代が発明したとされる「個人」や「主体」を否定する力をもった何らかの別次元の存在――「個人に君臨する力」[11]――が、和辻の倫理学には想定されていることが想像できる。引き算の答えは、いうならば、学問的な判断を超えた何かであると考えられる。

この「何か」に、倫理的な価値判断の介在を指摘することは不当ではないだろう。ここで和辻哲郎は倫理学者として〝研究〟しているというよりも、倫理的な判断を自ら下している。価値判断を行っているわけである。和辻哲郎が社会学者としてではなくて、他ならぬ倫理学者として活動することを選んだ理由も、あるいはこのあたりにあったのだろうか。しかし、倫理学が学問である以上は、倫理（的価値判断）そのものと区別された次元を確保する必要があるはずである。

ただし、ここでの意図は、和辻哲郎の知的営為の構造を解明することではなくて、むしろ社会学との比較によって「間」の思想そのものを問うことにある。他方で、和辻が個人として下す価値判断に賛否を表明することは関心の外である。和辻には和辻の関心があり、ここでの関心が和辻のそれと同一である必要はないだろう。関心そのものの存在は、和辻自身が長年なじんできた新カント派の認識論が強調してきたように、学問的には論証できない性質のものなのである。さらにいえば、思想や理論をめぐる問いは、それらに最初に取り組んでいた人々の意図とは切り離された地点で、むしろ展開していく。そして、展開が生じるたびに、〝原点〟や〝オリジナル〟や〝歴史的文脈〟への回帰が叫ばれる。しかし、この種の回帰運動の結果も、決して当人たちの意図どおりにはならないのである。回帰を求める人々自身が、自分自身の現在の価値観や関心に沿って行動しているからである。その上、テキストにはその著者自身ですら深く理解できていない内容が含まれていることがある。また、古びた思想が別の文脈に当てはめられることで俄然新鮮さを帯びてくることもありうるのである。分子生物学の時代に、一七世紀のスピノザの汎神論が再評価されるといった事態が好例である。内容が必ずしも年代順に展開――発展・進歩――しないところが、思想の特殊な性格である。断絶や黙殺、再発見や復活は、毎度のことなのである。ここであえて年代の順を度外視していえば、ジンメルは和辻の考える「倫理学」を、「社会学」として論じようとしたといえるのかもしれない。

他方で、通常の思想史の論点に引きつけて考えるならば、和辻哲郎とジンメルは、二人とも、同じような知的伝統に出発して、同じ課題に直面していた。同じような知的伝統とは、新カント派から生の哲学、解釈学、現象学へと流れて行く伝統であり、同じ課題とは、従来の「個人」や「主体」を中軸に据える思考様式を変革し、「間」（関係性）の思想へと転換していくことである。

ジンメルをさらに読んでいくと、タルドを挙げながら和辻哲郎が論じていた「脳と脳の間の社会学」と共通の論点もすでに論じていることがわかる。しかも、ジンメルは単純な一対一関係（ダイアド関係、ミクロ関係）から複雑で大規模な社会現象（マクロ関係）まで接続可能な理論を構築しようとしている。

しかしなおまったく異なった立場から認められるのは、人間の生存はたんに諸個人においてのみ現実的であるが、それによって社会概念の妥当性は苦しむことはないということである。**社会概念をもっとも広く一般的に理解すれば、それが意味するのは諸個人のあいだの心的な相互作用である。**

この規定において迷ってはならないのは、一定の限界現象がただちにこの規定にしたがいはしないということである。すなわち二人の個人がちょっと眺めあったり、切符売場で押しあったりしても、二人はまだ社会化しているとはいえないであろう。とはいえここでは相互作用もまたきわめて表面的で一時的であり、ためにその程度におうじて社会化についても語ることができ、配慮すべきは、社会化のこの表示を正当とするには、そのような相互作用がより頻繁により緊密になり、一般にそれに似たより多くのものと結びつきさえすればよいということである。社会という名称をたんに持続的な相互関係のみに、すなわち国家と家族、ギルドと教会、階級と目的団体などと、表示される統一的構成体へ客観化された相互関係のみに限ろうとするのは、日常用語——表面的な実用にはもちろん十分であるが——への浅薄な固執である。しかしこの相互関係のほかにも、人間たちの間には無数のより小さな、個々のばあいには取るにも足りないように見える関係形式と相互作用様式があり、これらは、いわば公的な包括的な社会的形成のあいだに入り込むことによって、そこに初めてわれわれの知っている社会を成立させる。（ジンメル、同書、一一―一二頁、太字強調は犬飼）

「間」の思想から、和辻哲郎が倫理学へ向かっていくのに対し、ジンメルはより詳細な社会認識に向かっていこうとする。「ミクロ社会学」と呼ばれる諸領域でジンメルの再評価が主張される事情はこのことと関係している。[12] 日常的な場面での二者関係や小集団にみられる「眼差し」や「出会い」といった局面に「社会化」の諸相を問題にする視点は、確かにジンメルによって礎石を置かれたといってもよい。この意味でジンメルとアーヴィン・ゴッフマンは直線でつながっている。これに対して、和辻にはこの方面での探求は多いとはいえない。ただし、問題は「社会化」の範囲だけにとどまらない。

和辻が「日本」や日本の「独自性」といった問題に向かっていく一方で、ジンメルは特定の国籍や民族や文化への問題の収束を避けようとする。和辻が行き着いた「天皇制」や「大和魂」については、解釈者自らが種々の価値判断を下すことができるだろう。特定の言葉や概念に結び付けられた種々の意味や価値判断は、突き詰めていけば個人や集団の価値判断、さらには好悪感情に行き着いてしまう。この意味で「天皇制」や「大和魂」をめぐる評価は、評価する者自身の価値観を炙り出すことが多い。評価する側が、別の視点からの評価の可能性を開いているのである。評価が評価され、判断が判断される。

これに対して、前記のような評価は、ジンメルには当てはまらない。いうならば一種の無国籍性がジンメルの魅力の一端であるといえるだろう。また、他方で特定の国籍に基づいた立場表明や価値判断を優先する人々が、ジンメルを「正体不明」という判断をする理由もここにある。特定の「あれか・これか」――敵か味方か、等々――といった判断を求める人々にとって、どちらか一方をあえて選ばない立場は、不信感の対象となりうるからである。ジンメルと和辻哲郎を連立方程式に見立てて種々の係数を入れ替えるならば、このように、いくつもの論点が見えてくるのである。

6　間の思想からのさらなる展開

ここでは和辻の議論を手がかりに「間」の思想を追いかけてきたが、伝統的な「個人」中心の哲学や社会学への批判を経て、和辻哲郎とゲオルク・ジンメルを対決させ、その分岐点となる地点までやってくることができた。ここで特に興味を引いたのは、和辻が「間」の思想を「日本」に結び付け、西洋（欧米、ヨーロッパ、ヨーロッパ近代）と対比した「独自性」の要としたのに対し、ジンメルがその種の特定化、国民化、あるいは国産化をしないことである。このことは、「間」の思想のその後の日本での運命を考えると際立ってくる。「間」の思想を中軸に据える理論構成は、日本国内にあっては、これまでもっぱら日本社会の独自性を論じるために用いられてきた。たとえば、理論経済学者の村上泰亮は、和辻の「間」の思想を、「間柄主義」として定式化し、問題をいっそう「日本」に固定しようとする。(13)

ただし、「間」の思想や、「間柄」が、なぜ日本に独自な論理なのかという疑問に対しては、和辻哲郎も、そして村上泰亮らも答えてはくれない。現に、「相互関係」を中軸に据えてジンメルが見事な展開をしているのを、ここでは実見してきた。どこにでも遍在する「間」の思想や「間柄」や、「相互関係」を、なぜか自分たちの独占物であると主張するのは、不思議な発想であるといわなければならない。

このことは、「間」の思想を、ジンメルから離れてさらに広い範囲の社会学理論を視野に入れて展開していくと、さらにいっそう明確になってくる。まず古い議論から確認しておくならば、社会を有機体

――「部分の相互依存」という原則――として捉えようとする立場がある。[14] 有機体の比喩（アナロジー）は、「社会」を個別の単位（構成要素）に還元できるものとしてではなく、それ自体が一つの単位として考察されるべきであると主張する。有機体としての人体について考えるならば、体の各部は全体の一部であることによってはじめて機能する。指や脚は、それぞれが単独で存在しているだけでは単なる肉片でしかない。それらが有機体としての人体につながっていることで、しかも相互に依存し合うことで、ようやく「指」や「脚」としての機能を果たすことができるわけである。この意味で、肉屋で売られているステーキは、あくまでも「牛肉」であって、有機体（生体）としての牛そのものではない。その証拠に、ステーキをどれだけ山積みにしても生きた牛は再生しないのである。社会有機体論によると、「社会」という有機体を構成する個人もまた、切り分けられたステーキと同じく、社会そのものではない。社会とは「個人の集合体以上のもの」であるというわけである。別の言い方をすると、「社会」には、個人の集合体にはない「創発特性」が含まれているということになる。

社会有機体論の考えに従う場合も、個人の相互性やコミュニケーション――「間」の思想――が問題にならざるをえない。生物の体内でも、各々の器官が相互に影響を与え合うことによって、全体としての生体を維持・再生産している。個々の器官が生体から切り離されてしまうと「生物標本」や「牛肉」でしかないように、個々の個人も社会から切り離されてしまうと、「社会」は消滅してしまうというわけである。別の観点からすると、個人が集合することで生じる創発特性が個人に機能（役割）を与え、社会を構成し、逆に有機体としての社会の中で機能を与えられた個人が、自分に与えられた機能に沿って自我を形成するという相互循環が働いているとことになる。この場合も、問題になるのは個人そのものではなくて、個人の「間」に生じている創発特性なのである。

たとえば、アメリカの哲学者・社会心理学者・社会学者ジョージ・H・ミードは、死後に編集された講義集『精神・自我・社会』（一九三四年）の中で、やはり従来からの個人に終始する理論の伝統について批判的に書いている。

人間社会では、個々の個人が本質的に異なった知能をもつとか、社会的母体からの個人の発達というような、昆虫の発達には欠くことのできないものがあるようには考えられない。人間の個々人はほとんど相互に等しくて、両性間の生理的分化という見地からみても知能に本質的な相違はない。本質的に同一の生理的有機体があるのだから、［人間の場合に］個人の出現の原因になるような社会的な母体が存在するようには思えない。このような考え方が、人間社会は諸個人から発生し、社会から諸個人が発生するのではないという理論を発展させた。こうして、社会契約論は、個人が、なによりもまず知能をもった個人、つまり自我としてあり、これらの個人がいっしょに集まって社会を形成すると仮定している。この意見にたてば、社会も企業組織のように発生したことになる。つまり一群の投資家が意識的に集まって、運営者を選出し、かれら自身で一つの社会を形成するというのだ。まず個人がやってきて、一定の個人たちの支配権から社会が発生する。この理論は古いが、そのいくつかの面はいまでも通用している。しかしながら、もしわたしが言及してきた命題が正しくて、個人は他人とのコミュニケーションをつうじてのみ、つまり有意味のコミュニケーションによる社会過程の精密化をつうじてのみかれの自我に到達するものであるなら、自我は社会的有機体に先行しえないにちがいない。社会的有機体が、まず最初に存在しなければならない。(ジョージ・H・ミード『精神・自我・社会』秋葉三千男他訳、青木書店、一九七三年、二四七頁)

ここでは和辻哲郎とジンメルの議論を比較してきたが、ほぼ同時代のミード[15]の議論にも、やはり同一の問題意識が共有されていることがわかる。ミードの論旨は簡単に言ってしまえば、「社会は企業組織ではない」ということになるだろう。社会には営利企業のような目的——この場合は、金を儲けること——は存在せず、また特定の成員が限定されるわけでもない。しかも、すべての成員が自らの意図で当該の社会に属しているわけでもない。多くの個人は特定の社会に出生することによって加入しており、この意味で彼らに選択の自由はない(なかった)。多くの日本人は、自ら「日本人」であることを選択したわけではない(なかった)のである。さらにミードの議論に沿っていえば、「社会」には個人の主体的な選択もなければ、「契約」も存在しない。「支配権」などあるはずもないのである。そして、社会は、「社会的有機体」として、個人に先行して存在しているというわけである。ここから展開していくのは、有機体としての社会の中ではじめて成立する自我という問題である。

「どういうふうにして自我が発生するのか?」[16]を問うミードは、動物行動学や行動主義心理学を思わせる議論を展開しながら、最終的には個人間のコミュニケーションの問題に行き着くことになる。ミードの見解の正否を問うことはここでの課題ではないが、すでにミードは社会有機体論を足がかりにして「間」の思想をかなり展開していたことは間違いないだろう。ミードが打ち出した社会有機体論からコミュニケーションを手がかりにした自我形成という議論の流れは、後のアメリカ社会学に決定的な影響を与えた。アメリカの現象学者モーリス・ナタンソンは、ミードをフッサールに連なる現象学の立場から評価することを提唱した。ナタンソンによれば、社会行動主義者としてのみ理解されてきたミードの「基本テーマのほとんどすべてのものが、エドムント・フッサールの伝統に立つ現象学的思索と驚くほどよく似通っている」[17]のである。

フッサールからの議論の流れは、社会学理論の中では現象学的社会学と呼ばれる理論家たちが中心になって論じてきた。ここでもやはり「個人」と「社会」の間の関係が決定的な論点となっている。先に、カント以来の知の系譜について論じてきた。系譜の中軸を成すのは、「個人」に集中し、終始する思考様式であった。現象学的社会学の樹立者アルフレート・シュッツの主著『社会的世界の意味構成』(初版一九三二年)が、ウェーバー社会学の現象学的な分析を標榜していることは示唆的である。シュッツによれば、ウェーバーは問題設定において「正しい理論的出発点」を選んでいるが、せっかく独自の天才によって選び取った肝心の出発点から問題をさらにいっそう深く探求することができていない[18]。シュッツにとってウェーバーの提示した出発点とは「理解社会学」のことである。理解社会学とは「個人の有意味的で理解可能な行為という概念」を用いて社会事象を分析する社会学のことである。「理解」や「意味」を掲げる方法は、社会学に豊かな可能性を約束する。ただし、シュッツによると、ウェーバーは理解社会学という方法が含んでいるさらなる可能性を十分に探求しているとはいえないわけである[19]。そして、シュッツが理解社会学のさらなる可能性を追究して到達したのが現象学的社会学であった。

　ここでの関心に戻って考えると、シュッツの仕事はウェーバーが設定した限定を解除することであったといえる。シュッツの考えでは、ウェーバーは「理解」や「意味」を、あくまでも個人に閉じ込めようとした。これに対して、シュッツは、「理解」や「意味」を、社会的な相互関係、あるいはコミュニケーションという次元に向かって開放しようとするのである。[20]別の視点から言い換えるならば、ウェーバーの呪縛からの離反、あるいは解放と判断することができる。そもそも「個人」ではなくて「社会」という概念を出発点として考えるのが社会学であるならば、個人に終始してそこから動こうとしない立場を「社会学」と呼ぶことは、不可能ではないとしても、不自然であり、多くの説明を要するはずであった。それがなぜ哲学や人生論ではなくて、他ならぬ「社会学」でなくてはならないのかという問題である。しかも問いに対する返答や説明の多くが必ずしも説得的であるとはいえなかったのである。結局、問題は「個人」の意義に対する当人たちの決意表明に終始するものが多い。つまり、「個人」の意義は言うまでもないのだということである。この点では、ウェーバー自身も例外ではない。ウェーバーに象徴される「方法論的個人主義」の困難がここにある。この種の議論は個人の生き方を探求する場合や、社会の中で個人の置かれた状況といった問題について考えるのには適している反面、「社会」そのものの在り処が背後に退いてしまう傾向をもっている。

　あらためて順を追って考えていくならば、以上の問題は理解困難でも、不条理でもないはずである。それどころか、ごく当たり前の議論であるといえる。ところが、「個人」に終始する伝統はあまりにも強力であり、あまりにも常識として受け入れられているので、「社会」を含めたあらゆる概念が、ほとんど自動的に、無意識的に、個人の単なる集合物であると考えられてきたわけである。そして、多くの分野でごく普通に用いられている術語も、その内容を再度検討してみると多くの問題を含んでいることがわかってくる。

以上のことは、たとえば、現象学――とりわけ現象学的社会学――が掲げる「間主観性」という概念をつなげて考えていくと、さらに新しい問題が登場してくる。「間主観性」は、通常の辞書的な説明では、主観でも客観でもない、主観と客観の中間領域を把握する概念であるとされている。これは「個人」を中心とした伝統的な哲学的認識論の側からの説明であるといえる。自然科学を先頭とする近代科学が掲げる客観主義（自然〔科学〕主義）と、自然〔科学〕主義に対する対抗馬として注目を浴びた主観主義（たとえば、生の哲学）の対立は、哲学史の上では重要な意義をもっている。そもそも現象学そのものにも、客観的な事実に還元できない「体験」や「意味」を問題にすることで自然〔科学〕主義を批判する運動という側面がある。哲学的な認識論の流れにあって、現象学の占める位置は、何もかもを物の言わぬ物質の世界に還元しようとする自然〔科学〕主義と、何もかもを個人的な意志や欲望に還元しようとする極端な主観主義の中間のどこか、つまり「間（あいだ）」にあるというわけである。

ただし、間主観性という用語に冠された「間」という言葉には、さらに別の意味が含まれている。それは、主観と主観の「間」の相互作用を問題にするということである。個人の主観と、別の個人が抱く主観の間にある領域は、確かに主観でも客観でもない中間領域ではある。しかし、それ以上に重要なことは、個人の主観――意志、欲望、好悪感情、等――の「間」に広がる相互性の領域を議論の対象にすることである。ここに、哲学的な認識論ではなくて、社会学にとって重要な領域の入口がある。

このことは、フッサールの用語「Intersubjektivität」の訳語として、「inter」を「間（あいだ／かん）」とは訳さずに、あえて「相互」と訳す人々の考え方とも一致する。この場合の「相互」とは、個人の主観そのものではなくて、他の個人の主観との間で交わされる関係性を強調する言葉である。ここで問題になっている「inter」はラテン語の元来の語義としては確かに単なる「中間」という意味に近いのだが、フッサールが後期に展開した議論や、ここで論じてきたシュッツの現象学的社会学にとっては、「相互」という視角が決定的に重要なのである。[21]「間（あいだ）」と呼ぶにせよ、「相互」と言い換えるにせよ、重要なのは、単独で存在する個人ではなくて、個人と別の個人、あるいは自己（自我）と他者の関係に議論の焦点を移動することなのである。

この意味で、現象学的社会学が掲げる「間主観性」という概念は、和辻哲郎のいう「間」の思想を、社会学においてさらに展開していく可能性を含んでいるといえる。もちろん、問題は社会学だけに限定されるものではない。多少、言葉遊び風の言い方になるが、「間」の思想のさらなる展開は、実証主義が掲げる客観性と、生の哲学や実存主義の掲げる主観性の〝間〟に探求領域を求めていくことである。またこのことは、自立（自律）した個人の主体という前提に出発する諸科学の〝間〟に、別様の視点を掲げる新たな学問を展開していくことでもある。

このように考えていくならば、新たな学問として和辻哲郎が構想しようとするのが「人間の学としての倫理学」であり、ジンメルやミードやシュッツやその後続者たちにとっての「社会学」であったといえる。そして、この節のここまでの議論を下敷きにして「私の根本の考」の続きを読んでいくといっそう興味をそそられる。

主体はつかまえようとすると、するりと後へ抜ける。人格も亦同様で、主体として働いている人格は、対象としてはつかまらない。しかも我々は自分の前にいる客体的な人が主体であることを、ちゃんと心得て行動している。かような、実践的な動きの中で心得ている事柄が倫理学の問題になる。そして日常の実践の中から、主体の基礎的構造をはっきりつかんでおくと、個々の主体の動きは、又いかに動く**べき**かは後から明らかになってくる。（和辻哲郎「私の根本の考」、一四〇頁、太字強調は犬飼）

上記の一文に登場する「倫理学」をそのまま「社会学」と言い換えたならばどうだろうか。末尾のところで登場する「べき」という言い方が、多少なりとも倫理的な判断を暗示している点が社会学らしくないだけである。和辻にとっての「倫理学の問題」というのは、深く探求していけばいくほど、ますます社会学の問題と区別しがたくなっていくのではないだろうか。とりわけ、現象学的社会学が追い求める間主観性の問題は、私見では、和辻のいう倫理学の立脚している根拠と同一であるように思われる。両者とも自立――孤立――した個人という概念から距離を取ろうとする。そして、両者とも「間」の思想として、「主体」というつかまえがたい対象を、複数の主体の間に生じている諸問題――他者の存在という問題――に迂回して捉えようとする。誰でも「考える自分」として、自分自身が主体であり、なおかつ個人であることは実感しているのだが、同じことが他人についても当てはまるのかどうかは実証できない。

ここに二つの選択肢が登場する。一つは実存哲学の道であり、他者とは隔絶した自分自身の実存に深く沈潜していく。これは芸術や宗教の領域に共通する次元でもあり、学問のそれとは別物である。そして、もう一つが和辻哲郎や、ここで検討してきた社会学者が選んできた道である。彼らは、それ自身としては厳密に究明できない「考える自分」を他者との関係性の中で同定しようとする。他者が他者について表明する言辞が、他の他者が、これまた別の他者について表明する言辞と共通しており、さらにそれらの共通性が果てしなく連鎖し、広く観察できるのならば、観察された現象は、それ自体として厳密な学問的検討の対象となりうるにちがいないというわけである。言い換えれば、他者との関係の中で究明された「主体」は、芸術や宗教が掲げる主体㉒とは異なって、その気になれば誰にでも共有でき、誰にでも理解することができるものでなければならないのである。もっと正確にいうならば、他者の「主体」そのものは決して究明できるものではないが、他者との間に共有される間主観性は、明らかに実在しており、しかも学問的に研究可能なのである。繰り返しになるが、ここに現象学的社会学の前提、あるいは出発点があり、しかも和辻哲郎の倫理学とも共通しているのである。先に触れたシュッツは、この問題を次のように説明する。

私の日常生活の世界は、決して私だけの私的な世界ではなく、はじめから間主観的な世界である。それは、私が仲間の人間と共有している世界、他者によって経験され解釈される世界、つまり、われわれすべてに共通な世界である。私は、私の存在のいかなる瞬間にも、この世界において自己を独自な生活史的状況のなかに見出すのだが、この生活史的状況のうちで私自身の手になるものはごく一部にすぎない。私が常に自己をそのなかに見出す歴史的に与えられた世界は、自然的世界としても社会文化的世界としても、私の生まれる前から存在し、私が死んだあとも存在しつづける。このことは、この世界は私の世界であるばかりでなく、仲間の人間たちの環境でもあるということを意味している。さらに、こうした仲間の人間たちも私の状況の要素であり、私も彼らにとってそうである。他者に対して行為を行ない、他者も私に対して行為を行なうなかで、私はこうした相互関係についての知識を得るのだが、こうした知識には、他者は実質的には私と同様の仕方でこの共通の世界を経験するという知識も含まれている。つまり、他者たちもまた、私の世界と同様に、実際に手が届くか潜在的に手が届くかにしたがって構造化され、同じ時間次元と方向におけるそれぞれの「今、ここ」を中心に集められた世界において、言いかえるならば、歴史的に与えられた自然・社会・文化の世界において、自己を独自な生活史的状況のなかに見出すのである。……われわれは、自分が生み入れられた自然の世界ばかりでなく、仲間の人間の身体的存在、彼らの意識生活、コミュニケーションの可能性、社会組織および文化の歴史的所与性といったものも自明なこととみなしている。（アルフレート・シュッツ『現象学的社会学』森川眞規雄・浜日出夫訳、紀伊國屋書店、一九八〇年、一四七―一四八頁）

「間」の思想は、こうして歴史的（通時的）な視野と構造的（共時的）な視野の両方を与えられる。この視点から考えるならば、自然科学的な環境も、長年にわたる歴史と、歴史の中で成立してきた社会構造と密接不可分のものとして、「私」と「われわれ」に認識される。「自然」もまた人間の認識対象として、文化的・歴史的・社会的に条件付けられたものでしかない。人々が「台風」や「津波」や「満月」に興味を抱くようになるのは、決して個人が単独で特定の自然現象に直面するからではない。そこには、長年にわたる歴史と記憶があり、文化があり、それらはすべて他者との間で共有されている。特定の個人が「台風」に対して抱く関心は、当人自身が発明したものでもなければ、当人の死後消滅するものでもない。問題は、「台風」という現象をめぐって人々が相互に、間主観的に形成し、育成してきた文化にあるといわなければならない。「モンスーン」や「沙漠」や「牧場」といった言葉をめぐるさまざまな次元の意味付けも同じである。

和辻哲郎の著作に詳しい読者がすでに気づいているように、これこそが和辻のいう「風土」なのである。そして、「和辻社会学」もまたここにおいて姿を現わしてくる。

7　結論とさらなる課題：和辻哲郎をめぐる相互作用

ここにおいて人間存在の空間的・時間的構造は風土性歴史性として己れを現わしてくる。時間と空間との相即不離が歴史と風土との相即不離の根底である。主体的人間の空間的構造にもとづくことなしには一切の**社会的構造**は不可能であり、**社会的存在**にもとづくことなしには時間性が歴史性となることはない。**歴史性は社会的存在の構造**なのである。ここに人間存在の有限的・無限的な二重性格も明らかとなるであろう。人は死に、人の間は変わる。しかし絶えず死に変わりつつ、人はい き人の間は続いている。それは絶えず終わることにおいて絶えず続くのである。個人の立場から見て「死への存在」であることは、社会の立場からは「生への存在」である。そうして**人間存在は個人的・社会的**なのである。が、歴史性のみが**社会的存在の構造**なのではない。**風土性もまた社会的存在の構造であり、そうして歴史性と離すことのできないものである。**歴史性と風土性との合一においていわば歴史は肉体を獲得する。もし「精神」が物質と対立するものであるならば歴史は決して単に精神の自己展開であることはできない。精神が自己を客体化する主体者である時にのみ、従って主体的な肉体を含むものである時にのみ、それは自己展開として歴史を造るのである。このような主体的肉体性とも言うべきものがまさに風土性なのである。人間の有限的・無限的二重性格は人間の歴史的・風土的構造としても最も顕わになる。（和辻哲郎『風土』岩波文庫、一九七九年、二二

──二三頁、太字強調は犬飼）

「相即不離」な人間（じんかん）と、これまた「相即不離」な個人と社会、さらにまた「相即不離」な歴史性と風土性（自然環境と文化的環境の合体物：ミリュー）。和辻哲郎は「相即不離」な関係を強調するが、他方で、社会学と倫理学も、同じように相即不離なのではないだろうか。それどころか、和辻がいう倫理学とここで繰り返し論じてきた社会学者たちの議論の区別が、筆者には不可能なのである。

和辻哲郎の『風土』は、先に引用したオーギュスタン・ベルクの主張では、ハイデッガーの『存在と時間』の批判的な読解を出発点とする著作である。

和辻の考えによれば、ハイデガー流の「現存在」は、個人に限定されたものに留まり、社会・歴史的次元から抽象されたままであった。これはとりわけハイデガーが、空間というものに対して、本来認めるべき役割を与えていないからである。事実、「人間存在の構造契機(23)」とは、風土（自然的／文化的風土）でもあった。歴史は風土を通じてしか成立しない。つまり歴史性と風土性(médiance)は相互に構成しあっている。したがってまた風土を自然条件のみに還元して、歴史から切り離すわけにもいかないのだ。歴史と風土は、その結合を通じて社会的存在を構造化するし、そこから人間存在だけを抽出することはできない。自我は、人と人との関係としてしか、自身を意識することができないからだ。こうして和辻は主体の問題を、歴史に近づけると同時に、文化（社会・文化的風土、すなわち社会関係、技術、生活様式、等）と自然（機構、地形、等）にも結びつけるのである。（オギュスタン・ベルク『風土の日本　自然と文化の通態』篠田勝英訳、筑摩書房、一九八八年、

四四頁）

和辻の「風土」論は、単に個人の「間」だけにとどまらず、歴史と風土の「間」にも、また自我を加えた三者の「間（あいだ）」の相互関係にも議論を進めていく。このように考えてくると、この『風土』という著作が、倫理学の名作であるだけではなくて、社会学の意欲作でもあることが結論付けられるのではないだろうか。『風土』が「倫理（道徳）」の問題を直接的な研究対象としていないことが、この場合重要である。この点では、『人間の学としての倫理学』や後の大著『倫理学』とは異なっている。

ここでいう社会学とは、何よりもまず、①個人そのものではなくて個人の間の関係（相互作用による社会関係）を問う学問であり、②個々の社会現象の中に①の歴史的変化と社会構造を問う学問である。その場合、③取り扱われる社会現象の種類自体は問題とならない。社会学は、古代社会の日常生活の細かな事例（飲食、入浴、衣服の流行）を論じる一方で、現代社会の地球規模の動態（グローバル化、帝国）を問題にすることも可能である。さらに、具体的な品物だけではなくて、社会関係としての知識を問題にすることもできる。知識社会学は、「倫理」[24]をも研究対象として選択することができるのである。

ここまで議論を続けてくると、問題は先に論じてきた和辻哲郎をめぐる計算問題に再び差しかかっていることに気づかされる。和辻哲郎の「倫理学」には、「和辻社会学」と呼ぶことが可能な内容が含まれている。このことは、ここで立ち入って検討してきたように、和辻哲郎が決定的な影響を受けてきたヨーロッパの議論に立ち返ってみると、否定することが不可能である。逃げ場はないはずである。しかも、同時代のアメリカの学界も、同様の課題に取り組んでいた。和辻は同時代の主にドイツを中心とした哲学界の動向に直接呼応して議論を展開していたのである。現に和辻の著作にはヨーロッパ人の人名がひっきりなしに登場する。そこには、解釈学や現象学が登場し、実存主義に対する態度表明が行われる。自然（科学）主義に対する批判が型通りに掲げられている。このことを取り上げて和辻の思考の独自性を低く評価したり、「輸入学問」としての正確を強調したりすることは難しいことではない。しかし、はるかに重要なことは、和辻哲郎の中に同時代の世界に共有された知的探求をありありと観察することである。国籍や伝統を異にし、しかもかなりの時間的な幅をもちながら、共通の発想に基づく探求が行われていたのである。しかも、そこには二一世紀の今日、いくつもの学科の創設者と呼ばれている人物が多数参加している。和辻が繰り返し引用する著者たちの「間」では、新たな文化科学・歴史科学、そして新しい社会科学への取り組みが方々で盛んになっていた。その代表が「社会学」だったのである。

それにもかかわらず、和辻哲郎が倫理学にこだわった理由は何だったのだろうか？㉕　和辻は、同時代の新事業であった「社会学」に、自分なりに課題を付加している。逆にいえば、「和辻倫理学」から同時代の「社会学」を引けば、和辻自身の独自の立場が登場するはずである。和辻哲郎をめぐる計算問題は、この人物が遺した大量の仕事から、これまた大量の外皮を取り除く作業でもある。

こうして、ここでの結論に到着することができる。和辻哲郎は、同時代のヨーロッパ人やアメリカ人が共通して取り組んでいた「間」の思想を、なぜか「西洋」に対抗して「日本」や「日本社会」の独自性を説明するための手がかりとして利用した。しかも、和辻は同趣旨の「間」の思想が同時代のヨーロッパで盛んに展開されていることを知っていた。知っていて、しかも両者の間に区別を設けようとしていたのである。[26]このことは和辻哲郎という〝個人〟だけではなく、むしろ和辻を中心として相互関係していた数多くの知性の〝間〟を問うことにつながっていくのである。とりわけ非ヨーロッパ世界の知性がヨーロッパの知的動態に対決して独自の知的営為を建設していく様子は、同じ課題を変わることなく背負っている今日の人々にとっても、最良の前例であるといえよう。和辻が行き着いた結論に対して特定の評価をすることは簡単である。しかし、評者自身が、和辻が選んだ以外の選択肢を今日何らかの形で示す必要がある。和辻を批判することは、同時に巨大な責任や義務を引き受けることをも意味するのである。ここに単純な計算問題を乗り越えた真の難問題が登場するのである。

【注】

（1）湯浅泰雄『和辻哲郎　近代日本学の運命』ミネルヴァ書房、一九八一年、二六五頁以下。和辻の「倫理学」だけではなくて、その仕事全体を「日本」の問題に限定しようとする点で、湯浅の本は記念碑的な意義をもつといえる。戸坂潤の批判は、『日本イデオロギー論』（一九三五年）に収録されている「日本倫理学と人間学――和辻倫理学の社会的意義を分析する――」である。湯浅によると戸坂の批判は、「さしあたり彼の個人的な政治的意見（つまり価値判断）を意味するまでであって、この倫理学の学問的価値とは性質の違った問題である」（湯浅、二六六頁）とのことである。要するに、戸坂のマルクス主義者としての視点からの外在的な非難を反批判して和辻を弁護するわけである（なお、「戦後」において、和辻に対して行われた批判や、和辻を弁護する反批判は、湯浅泰雄「和辻哲郎研究への視角」、湯浅泰雄編『人と思想　和辻哲郎』三一書房、一九七三年、三〇九―三九八頁、にかなり包括的にまとめられている。とりわけ雑誌記事を多くあげた注記は文献的価値が高い)。

ただし、戸坂の議論を読んでいくと、その種の「価値判断」に基づいた嘲笑的な物言いとは別に、多くの論点をすでに取り出してくれていることに気づかされる。たとえば、和辻の倫理学とハイデッガーの哲学がともに解釈学の流れに属しており、「特に『人間』とか『世の中』とか『存在』とかいう言葉の分析と問題の捉え方とは、全くハイデッガーのものの考え直しであり、アナロジカルな拡張に他ならぬことが一見明らかだ。ハイデッガーがドイツ語やギリシア語や又ラテン語に就いてやったことを、和辻氏は日本語や漢文やパーリ語に就いて拡張して行ったに過ぎないとも云える」(戸坂潤『日本イデオロギー論』岩波文庫、一九七七年、一六五頁)と喝破している点は、後の和辻論に――筆者の知る範囲で――見あたらない論点である。また、和辻がヘーゲルやフォイエルバッハやマルクスを援用しながら議論を進めるのを指して、「マルクスを換骨奪胎することによって、マルクス主義的なものから日本的なものへ直線的に走るのは、今日では、何も日本倫理学に限らず、また和辻哲郎教授の思想態度には限らない社会現象だ」(一六三頁)と豪快に言い切っているのは、戸坂の「価値判断」に同意するにせよ、そうではないにせよ、見事であるというほかない。戸坂にとどまらず、マルクス主義には、問題を特定の文化や国籍に限定しようとする傾向よりも、人類に普遍的な問題を取り出して議論しようとする点に利点があるといえる。

和辻哲郎の「倫理学」を「日本」という文脈で説明する議論は、和辻自身がその趣旨の説明を繰り返していたという意味で確かに正当であるといえる。筆者が検討した文献においても、おおむね同趣旨の議論が行われている。たとえば、前記の湯浅の他に、坂部恵『和辻哲郎』岩波書店、一九八六年も、「和辻日本学」の柱となる「風土」や「古寺巡礼」を中軸に据え、多数の写真を使いながら説明していく点で印象的である。また、小牧治『和辻哲郎』清水書院、一九八五年も、和辻の生涯をたどりながら、「日本論確立」に向けた知的伝記を書いている。

　市倉宏祐『和辻哲郎の視圏　古寺巡礼・倫理学・桂離宮』春秋社、二〇〇五年も、基本的には同趣旨による説明である。ただし、和辻倫理学の「間柄概念」に注目し、その理論的な仕組みを探求している点は、本書の関心にとって重要である。ここからヘーゲルやマルクス以来の諸問題、特にハイデッガーが取り組んだ問題と和辻の問題の共通性を論じている（市倉、一二七頁以下）。この点では、戸坂潤が論じた問題を和辻の側に立って論じ直しているといえる。

　なお戸坂潤の批判の線に沿った和辻倫理学批判には、山田洸『和辻哲郎論』家伝社、一九八七年がある。山田の議論は湯浅の議論に対する批判として構想されており、湯浅が戸坂以来のマルクス主義からの和辻批判を無視している点を突いている。なお、この問題は、さらに津田雅夫『和辻哲郎研究　解釈学・国民道徳・社会主義』青木書店、二〇〇一年で再論されている。ただし、両者とも、伝記的事実や文献情報が豊富になっている以外は、戸坂の批判に登場している以外の論点を提示しているとは言いがたい。
（2）この問題については拙著で詳しく論じた。拙著『方法論的個人主義の行方』勁草書房、二〇一一年。
（3）「理論」と呼ばれる言説世界の通例（通弊）として、しばしば言い古されて陳腐になっていることと、その内容が無意味になっていることとが混同される情況がある。言説（コトバ）の世界は、それ自体として次々と新しい内容を追加していくことによって継続されていく。過去の言説は、新しくないという事実によって、価値の低いものであるということになる。知識社会学的な視点を取り入れていうならば、「理論」という知識をめぐって手段と目的の間の転倒が生じ、手段の自己目的化が生じている。元来、特定の問題――社会学理論ならば、社会問題――を解明することや、現下の情況に説明を与えることが、「理論」の目的であったはずである。「理論」そのものは、あくまでも手段でしかない。ところが、「理論」がそれ自体の原理で、独立した学科として運営されていく過程で、手段であったはずのものが目的に変わっていくことになる。そして、新奇さや斬新さがそれ自体として目的化する。この結果、「理論」に従事する人々にも、当面の目的に沿った戦略が発達していくことになる。最も端的な例は、古くから変わらず一貫してきた社会問題に対して、新しい用語を用いて再定義を加えたり、焦眉の社会問題との関連性を強調したりすることであり、その時点で評判の「思想家」の名前を繰り返したりすることである。

（4）エミール・デュルケム『社会学的方法の基準』宮島喬訳、岩波文庫、一九七八年（原書一八九五年）、五一頁以下。

（5）Nicos Mouzelis, *Sociological Theory: What Went Wrong?: Diagnosis and Remedies*, London, 1995, p. 75.

（6）Norbert Elias, *Über den Prozess der Zivilisation*, 1, S. XLV.

（7）デュルケームの『社会学的方法の基準』（一八九五年）は、この種の批判に対する回答であるということができる。デュルケーム自身が書いているように、「社会的とよばれえないような人間的事象は存在しない」のだが、もしもそうならば、「社会学はそれ固有の対象をもたないことになり、その領域は生物学や心理学の領域と区別がつかなくなってしまう」。これに対して、他の科学とは異なった社会学独自の研究領域が「社会的事実」とデュルケームが呼ぶものである（デュルケム、同書、五一頁）。デュルケームの方法が成功しているのかどうか、さらに「社会的事実」が完全に他の隣接領域から切り離されているのかどうかは、私見ではかなり疑問であることを、ここに言い添えておきたい。ただし、ここではこの問題についての詳論は避け、デュルケームが同趣旨の批判に対して、熱心に対応していたという事実だけを指摘するにとどめる。

（8）マルクス&エンゲルス『ドイツ・イデオロギー』古在由重訳、岩波文庫、一九七八年、二五頁、さらに五〇頁以下。

（9）注1の戸坂潤『日本イデオロギー論』からの引用参照。

（10）ジンメルの「相互作用」概念の意義をどのように捉えるのかは、それ自体が大きな問題である。社会学学説史・理論史の領域でいうならば、ジンメルの「相互作用」概念は、それまでの社会学が抱えてきた「社会」概念の（形而上学的）実体化を克服する試みであった。この場合の形而上学的実体化とは、「社会」という概念が、まるでそれ自体として実在し、他者とは切り離された形で活動しているかのように考える発想のことである。たとえば、素朴な形の社会有機体説の多くがこれに当てはまるといえる。この種の発想にあっては、社会学が、ある種の擬人法によって説明されるわけである。本書で先に和辻哲郎の「私の根本の考」から引用してきた「個人のほかに社会があるという考え方をする弊」（一四〇頁）も同じ問題を論じている。なお、「相互作用」概念をめぐる学説史的背景とジンメル自身の立場の関係は、廳茂『ジンメルにおける人間の科学』木鐸社、一九九五年、五九頁以下参照。

（11）マルクス＆エンゲルス『ドイツ・イデオロギー』にある言葉。

（12）ミクロ領域とマクロ領域の関連付けという問題は社会学において長年の懸案であった。たとえば、二人の個人の対面関係を探求する研究と近代化やグローバル化といった問題を探求する研究の間に一貫した理論が可能なのかという課題である。最近ではミクロとマクロの中間に中間（メゾ）領域を設定して両者を仲介しようという試みも多く行われている。早川洋行によると、ジンメルは、ミクロとマクロの関係付けを「抽象される形式の正当性を、観察者が設定する抽象の程度において保証するという戦略」で解決しようとしていると指摘する。早川によると、「これは芸術における遠近法の社会学的応用」である。確かに画家は遠景を描く場合と近景を描く場合、それぞれに抽象の度合いを切り替え、焦点の当て方や色彩の彩度といった「形式」の選択を行っている。これは興味深い説明であるといえる。早川洋行『ジンメルの社会学理論』世界思想社、二〇〇三年、二〇頁。

(13) 村上泰亮らは「間柄」――自己と他者の関係――をめぐって東西の思想史を広く比較検討する。それは、いわゆる「日本人論」が長年にわたって打ち出してきた議論を、理論的に最も首尾一貫した形で、しかも最も博識な形で定式化した業績であるということができる。彼らの議論は本書の議論において重要なので、ここで彼らの議論の順序を追いながら少し立ち入って検討することにする。

村上泰亮らによると、「間柄」と対照的な――対立する――「個人」概念の成立は、彼らのいう「ユダヤ＝キリスト教」においてその完全な実現をみる。「個人」は概念化され、しかも、他者への依存なしにそれ自体として存在しうる実体として存在する。ただし、現実に生活する生身の人々は、現実には他者に依存することが不可避である。結果として、完全な「個人」というのは生身の人間を――少なくとも理念の上で――完全に超越した「ユダヤ＝キリスト教」の人格神意外にはありえないということになる。そして彼らはこの主張を無条件に受け入れているわけである。この意味で、村上らの強調する「個人」や、「個人」と対比されるべき「人格神」というのは、徹頭徹尾宗教改革が掲げた信仰に依拠しているということができる（プロテスタント的近代）。

そもそも他者とは自己と交流可能なものでなければならず、その意味で単なるモノであってはならない。だが、完全な他者とは、交流可能でありながら自己とは完全に異質であり断絶していなければならない。しかしそのような他者は現実の人間としてはありえない。したがって、第三章で改めて取り上げるように、人類史上最も徹底した「自己の対象化」あるいは「個人」概念の確立は、ユダヤ＝キリスト教におけるような絶対的他者としての人格神の概念を経て、初めて実現したのである。そのような絶対的他者は、すべての現実の「他者」を含んでしかもそれらを超えるものである――「もろもろの関係の延長線は永遠の汝（神）において交わる（マルチン・ブーバー）」。かくしてすべての現実の間柄は、神と人の間柄の不完全な仮象にすぎないものとみなされる。このようにして、個人の概念化がその極に達したのは、**宗教改革を経て西方型有史宗教（キリスト教）が徹底したとき**のことであった。（村上泰亮他、一九頁、太字強調は犬飼）

ただし、本書の課題において問題にしなければならないのは、マルチン・ブーバーの名前を挙げながら、この人物の思想を、あたかも「個人」中心の近代主義（プロテスタント的近代）の事例として提示しようとする姿勢である。村上らは、私見では、「プロテスタント的近代」を、ヨーロッパ近代そのものと同一視し、その他の「ヨーロッパ」を無視している。彼らは「ユダヤ＝キリスト教」を完全に同一の一直線の思想であると考えているわけである。周知の思想史知識を、ここであえて記しておくならば、プロテスタント的近代と同一の立場の意義を主張するだけならば、ドイツ語圏二〇世紀ユダヤ教哲学を代表するブーバーの存在意義はありえない。むしろ「我と汝（Ich und Du）」を中心に据えるブーバーの哲学は、自立し孤立した存在者を理想として掲げるプロテスタント的近代に対峙する「ユダヤ的知性」を、我と汝の相互関係の中に提示しようとしたのではなかろうか。このことは、「ユダヤ的知性」が日本において無視され続けてきたことの有力な例証となりうるように思われる。

別の角度から言うならば、宗教改革とその成果こそが「真のキリスト教」と近代化をもたらしたと主張する点で、村上らは、教派としてのプロテスタントの主張に沿った「ヨーロッパ」や「近代」をそのまま受け入れているとも言える。

他方で、村上らは日本の独自性としての「間柄主義」の意義や独自性を強調するために、中国やインドの古典思想を援用する。彼らによると、古い時代の中国やインドにすでに登場していた「間柄」につながる諸思想は、それぞれの土地に生活する住人にとって、必ずしも現実的ではないのだとのことである。

これに対して、「間柄の対象化」は、認識の面ではより困難であるといえるかもしれない。個人が生物的個体というモノに担われるのに対して、間柄は、それを担う具体的事実を直接目に見える形ではもたないからである。したがって先ず、間柄を担う具体的事実を作り出す努力が、認識にむしろ先行して行なわれる。氏族型社会の昔から、「祭」はそのような意味をもっていた。そして東方型有史宗教は、その方向をさらに進める形で、「間柄の対象化」に努力したように思われる。とくに儒教は、祭や楽や礼という形で、間柄を理想化しつつ対象化した。しかし、完全な「自己」に対応するような、完全な「間柄」は果して概念化しうるだろうか。「五倫」、「和」、「仁」、「仁慈」、「梵」といったような概念はそれにあたるのかもしれない。だが、**そのような完全な「間柄」と現実のさまざまな「間柄」との距離は、あまりにも大きい。**完全な「自己」がいずれにせよ現実の生物的個体によって担われざるをえないのに対して、完全な「間柄」がいかなる現実の集まりないし集団によって担わるべきかはつねに不確かだからである。したがって個人主義の型は一通りしかありえないし、その意味で絶対的であるのに対して、間柄主義の型は、概念的にも事実としても、無数にあって相対的であるといわざるをえないだろう。（村上泰亮他、一九―二〇頁、太字強調は犬飼）

村上らが結論として主張したい事柄は、ここまで検討してきたならば、おおよそ想像できるであろう。それは日本の独自性であり、「ユダヤ＝キリスト教」を一体の思想として考えた上で、その対抗物を非ヨーロッパ世界に探し、その中でも最も重要なものが、他ならぬ日本にこそ発見できるのだ、と主張しようとするのである。中国の儒教由来の「五倫」、「和」、「仁」、「仁慈」も、インド由来の「梵」概念も、現実との関わりあい――社会学上の概念としての有効性――においては、村上らが提唱する「イエ集団」という日本由来の概念に劣っているというのが、彼らの考えである。

ただし、この場合注意を要するのは、「完全な自己」と「完全な間柄」からなる二項対立である。「完全な自己」を、ユダヤ教やキリスト教の人格神に出発して想定するのは理論的にも、思想史的にも可能であろう。これに対して、言葉の上で反転した「完全な間柄」というのを想定し、これを儒教や仏教の教理と同一視するというのは理解しにくい議論であるというほかはない。儒教や仏教が抽象的な議論として人間と人間の間の相互関係を問題にしたのは事実であるとしても、これらの宗教が「完全な間柄」をそれ自体として追究したという根拠がここでは示されていない。別の言い方をするならば、儒教や仏教は、ユダヤ教やキリスト教の人格神（＝完全な自己）を否定するために生まれた対抗運動でもないし、ヨーロッパ人が信じる「個人」を否定し去るために一致団結して構成された対抗パラダイムでもないのである。すると、彼らは何が論じたいのだろうか？

このように村上らの議論を延長していくと、彼らが建設しようとする理論の仕組みがかなり明らかになってくる。すなわち、彼らは本来ならば多種多様で、錯綜した相互関係にある種々の宗教思想や宗教観を、自分たちで作った二項対立に当てはめ、しかも二つの項――「完全な自己」と「完全な間柄」――の意義を強引に相殺しようとするわけである。この種の手続きが必要になる理由は、あらためて強調するまでもないだろう。

それにもかかわらず、たまたまある社会で一定の集団類型が十分長期にわたって自立的な形で存続するとき、間柄の対象化はそれだけ進行しやすい。たとえば日本では一千年近くにわたって、一定類型の自立的集団――われわれは後にそれを「イエ集団」と呼ぶ――が存続した。かくて日本では、「間柄」がそれ自体として意識される度合いが強かったように思われる。やや古くは和辻哲郎が、「人間」という言葉は——ホモやアントロポスといったようなヨーロッパ系の言語とはちがって——もともとは個体としての人ではなしに、人々の間の関係、世間、人の世、を意味していたことを指摘して、『人間の学としての倫理学』を作りあげようと試みた。最近ではたとえば、ベンダサンが「日本教」における「人間的」という概念を、同様な視角から論じているし、森有正の「汝と汝」や、木村敏の「人と人との間」という概念も、そのような対象化の努力の一例である。（村上泰亮他、二〇頁）
和辻哲郎からベンダサンや森有正や木村敏といった人名を挙げながら、村上らは千年の昔から日本人が「間柄」を中軸に据えて生きてきたのだと主張する。著者たちに「思われる」ことがすべての読者にもそうであるのかどうかは心もとないが、博引傍証であることは間違いない。ただし、博引傍証であることと、命題が立証されていることとは同じではない。同様のことは、「日本人論」においてしばしば繰り返されてきた「コトバ主義」的な説明（柳田國男、そして杉本良夫）についてもいえる。ここでいうコトバ主義とは、日本語の慣用句や印象的な用語法をいくつか取り出して、ヨーロッパ語、特に英語の用例と比較して「日本の独自性」を立証しようとする立場である。

ここにあげてきたような思想家たちに限らず、平均的日本人もまた、世間に顔向けならないというときの「世間」や、人間味がたりないというときの「人間性」という形で、ある程度まで間柄の対象化を行なっているといえるだろう。実際、「人間性」という言葉の使い方ほど日本人と欧米人の対比を浮かび上がらせるものはない。欧米的「人間性」が、外的世界（とくに自然）に対する人間中心主義を主張するのに対して、日本的「人間性」ないし「人道」はむしろ、間柄やその中に包まれている人々への配慮を主張している。われわれのいう間柄主義は、日本語の「人間」の意味に即していえば

「人間主義」といってもよい。ところが日本の社会思想は、西欧語の「ヒューマニズム」をそのまま「人間性」ないし、「人道主義」と訳すことによって、重大なすりかえを行なってきた。（村上泰亮他、二〇頁）

コトバ主義の事例としてほとんど完璧な仕上がりであるといえる。ただし、そんなことよりも重要なのは、村上らが「日本の独自性」や、その優位を何とかして強調したいと考えるあまりに、ほとんど手当たり次第の説明を行っていることである。しかも、説明が論証に代替されている。

以上、村上らの記念碑的な研究について少し立ち入って論じてきたが、彼らの議論の要点は次のようにまとめることができる。①「ヨーロッパ」の一体視、②宗教改革やプロテスタント教派の立場と近代そのものの同一視（カトリックやユダヤ教、ギリシア正教の無視）、③「個人」と人格神の同一視という主張の無条件的な受け入れ、④儒教や仏教の宗教教理や倫理思想と、社会学的な分析概念の間の視点の相違の強調、⑤日本における「間柄（イエ社会）」の実在性の強調、⑥日本の独自性としての「イエ集団」や「イエ社会」と、「イエ社会」概念の社会学的な有意性の主張、ということになる。

結局のところ、村上らによると、①一体視された「ヨーロッパ」が生み出した近代化、あるいは近代社会は、②宗教改革やプロテスタント教派の立場が生み出したものであり、これに対して、カトリックやユダヤ教、ギリシア正教は無意味ではないとしても副次的な意義しかもたない。他方で、彼らは、③プロテスタントが教理として掲げる「個人」と人格神の同一視という主張をそのまま「ヨーロッパ」の思想的伝統と同一視しており、その一方で、④非ヨーロッパ圏の在来の宗教や倫理（仏教と儒教）の抽象概念が現実の社会分析に使用困難なことだけを理由に、当人たちがより社会学的（人類学的）に有意であると主張するのが、⑤「間柄主義」のより現実的な形としての「イエ社会」「イエ集団」であり、これは、⑥日本にだけ独自に実在してきた観念であるというのが、彼らが提示しようとする結論なのだろう。

さらに煎じ詰めていえば、村上らにとって重要なことは、「ヨーロッパ」と「日本」を区別することであり、「日本」に独自な社会学的分析概念として「間柄」を強調することである。逆にいえば、村上らは「間柄」をヨーロッパから切り離し、日本の独自性として特定し、しかも「間柄」に基づいた独自の近代化（日本的近代化）を論じようとするのである。つまり、ここでは著者たちが何よりも強調したい主張がまずはじめにあり、そこから逆方向に説明が組み立てられているのである。他方で、筆者の想像では、村上らにおいてヨーロッパと日本の区別は学問的な検討以前の問題であるように思われる。この点では、ヨーロッパ思想における「間」の思想を問題にしようとする和辻哲郎や本書の議論と、村上らの議論は観点を異にするといわなければならない。

(14) 社会有機体論についての説明は数多いが、ここではタルコット・パーソンズの社会システム論を「有機体システム論」であるとして批判するウォルター・バックレイの簡潔な要約が興味を引く。ホメオスタシス（生態的平衡）を着想源とするパーソンズの「システム」では社会変動を説明できない、といった種類の批判は、今日では半ば言い古された常識に属するが、バックレイはすでに一九六七年の時点で、他領域のシステム論の「水準」から、前記のような弱点をもったパーソンズの議論を批判している。ウォルター・バックレイ『一般社会システム論』新睦人・中野秀一郎訳、誠信書房、一九八〇年（原書一九六七年）、一四―一二頁。

(15) ジンメル、一八五八―一九一八年。ミード、一八六三―一九三一年。

(16) ミード、同書、一五六頁。

(17) M・ナタンソン『G・H・ミードの動的社会理論』長田攻一・川越次郎訳、新泉社、一九八三年、一二三頁。ナタンソンはミードの『精神・自我・社会』を評して、「社会的経験を『社会の見地から』、あるいは『少なくてもコミュニケーションの見地から』とりあつかおうとする試み」であるという（同書、二八頁）。この場合の「社会の見地」とは、「社会」を個人に先行するものとして前提視する立場のことである。ミードを「現象学の古典」として評価替えしようとするナタンソンの議論の当否はここでは問わない。ただし、一つだけ注意を促しておきたいのは、ナタンソンによる後記の説明と、本書で論じてきた和辻哲郎の「倫理学」の議論の共通性である。

かりに、自己、他者、間主観性等の特性についての一定の記述が社会の観点から与えられるとするならば、そして、ミードが論じるであろうように、かりに、これらの諸構造は、「社会的経験」から創発するものと理解してはじめて解明されうるとするならば、そのとき、社会は認識論的に、個人的存在にも個人的表現にも先行するといいえよう。社会を離れてはいかなる自己も、自己意識も、言語も、コミュニケーションも、悟性の共有もありえない。社会のなかで、そしてまた「社会的経験」という包括的な枠組のなかで、個人は自らの真の諸可能性を発見し、記号と象徴のシステムとしての言語構造もまた、間主観的に正当と認められた意味の世界を可能にするのである。（ナタンソン、同書、二九頁、ただし、訳文の「相互主観」を「間主観」に変更した）

(18) アルフレート・シュッツ『社会的世界の意味構成――ウェーバー社会学の現象学的分析――』佐藤嘉一訳、木鐸社、一九九二年、七頁。

(19) シュッツによると、ウェーバーの仕事には二つの側面があり、一つは学問の理論的根拠付けを行う作業であり、もう一つは、具体的な専門科学上の研究である。シュッツの考えでは、ウェーバー自身にとって重要なのは後者である。このためウェーバー自身は後者のための必要な範囲で理論的根拠付けの作業を終えると、それ以上の探求を中断したのだという。シュッツ自身は、夫人マリアンネ・ウェーバーの回想を註で挙げながら自説の根拠付けをしている。ただし、社会科学方法論者ウェーバーが中断した仕事を、いっそう深めるのが自分の仕事であるというのがシュッツの元来の意図であろう。その場合、まず重要になるのは、ウェーバーが到達し探求を中断した地点を明確にすることであった。さらにシュッツは、フッサールが熱心に探求した論点が、ウェーバーに欠けていることを次々と指摘していくわけである。

ウェーバーは方法論者としても重要な貢献を果し、社会科学の概念形成の問題に対する彼の見解には容易につけ入るすきがなかった。また彼の哲学的本能は驚くほど正しい認識批判的態度を彼に保持させており、彼の様々な成果を確実な哲学の根本的立場にまで徹底して遡及したり、また彼によって立てられた基礎概念の基層について解明したりすることも、彼にとっては重要でなかったのである。

そしてここに、マックス・ウェーバーの理論作業の限界もまた存在している。彼の社会的世界の分析は、社会事象の諸々の要素をこれ以上還元できない、あるいはこれ以上に還元を要しない形態においてはっきりさせたごくうわべだけのところで中断されてしまっている。個人の有意味で理解可能な行為という概念は、理解社会学に固有の根本概念である。けれどもこれは決して社会事象の純粋な要素の一義的な確定を意味しない。むしろ多義にわたる、より詳しい考察を必要とする問題のための見出しにしかすぎないのである。ウェーバーは経過としての行為Handelnと既に完了した行為Handlung、産出活動の意味と産出物の意味、自己の行為と他者の行為あるいは自己体験と他者体験、自己理解と他者理解を区別していない。彼は、行為者がいかに意味を構成するかについても問題にしないし、またいかに意味が社会的世界における参与者や局外の観察者によって修正変更されるものであるかについても問題にしていない。……(シュッツ、同書、一八―一九頁)

シュッツの仕事は、ウェーバーの理解社会学が掲げる「意味理解」という課題と、フッサールの現象学が年来取り組んできた「体験」や「意味構成」、さらには他者と自己の間の関係といった問題とを統合しようとするものである。

(20) ウェーバーに代表される「個人」を中心に据える理論構成の伝統が、シュッツにとっても強固な拘束力をもっていたことを、西原和久が指摘している。西原によると、シュッツは「個人」主体の行為という前提から、次第に相互行為や関係性、さらには西原のいう「発生論」に移行していく。

しかしながら、ウェーバーにあって、行為それ自身は「社会的」という規定を受けない。つまり、他者指向性および／ないしは他者からの働きかけという〈社会性〉の要件は、「行為」それ自体の定義のなかには明示的には含まれない。主観的意味ないしは思念された意味がいかに「社会的」レベルをそのうちに含もうとも、このこと自体はウェーバーの明示的な主題とはなりえなかった。ウェーバー理解社会学の方法論を批判的に検討したシュッツが依拠していた前中期のフッサール現象学にその一因があるにせよ、それほどまでに「個人」主体の行為という前提は根深かったということもできる。ただし筆者としては、シュッツ全体が必ずしもこうした準位でのみ議論を立てていたとは考えていない。シュッツは**発生論的な相互行為や「関係」**から出発する道具立てを有していたということができるからだ。（西原和久『自己と社会』新泉社、二〇〇三年、四五頁、太字強調は犬飼）

(21) いわゆる「輸入学問」としての「哲学」や「理論」では、しばしばヨーロッパ語の語学的な語義説明が哲学や理論、あるいは思想そのものよりも優先される傾向がある。ただし、ここで強調しておかなければならないことは、本来理論的探求においては、語学的な問題は二次的な意味しかもちえないということである。哲学や思想や理論といった領域で思考する人々は、自分の思考に合致するように新しい用語を開発したり、在来の用語に新しい意味を付加することがよくある。思考する当人の事業が独自であればあるほど、従来の用語法では間に合わなくなるからである。「人工言語」という言葉があるように、従来の概念や用語法を乗り越えて思考する人々は、人工的に言葉を作り出していく役割を担っているか、あるいは権利をもっているのである。そして、新たに生み出された概念や用語は、語学的な文脈から切り離されて使用される。たとえば、フッサールの用いる用語の語源を、古代ヨーロッパ諸語にたどってみても、フッサールの思想を理解するのにはほとんど何の役にも立たないのである。

(22) 和辻哲郎が仏教を中心とした宗教（倫理）学の第一人者でもあったことは、もちろん強調するまでもないことである。「私の根本の考」では、先の引用に続いて、宗教の問題に一瞥を与えている。

主体の動きは宗教の問題にもつながる。原始的な宗教に於ては、神は主体に対する客体としての神である。進んだ宗教においても、西方浄土に坐っている仏、沙漠にひょいと現れるヤーウェの神、これ等は何れも客体としての神と考えられるが、かようなとらえ方では次第に神が分らなくなる。そこから神は主体として考えつめられてくる。キリスト教の人格神は主体の背後に、どん底に在る神であり、仏教の涅槃と云われるものも結局に於て主体の根底に外ならない。かように絶対者が主体であるにもかかわらず、それを主体としてつかめないところに、宗教の難しさがある。主体としての絶対者は「空」とも云い現わされるが、それは対象的には実際空なのである。しかし主体的にはそうではない。空は却ってそこから総てが出てくる主体的根底である。唯識ではその過程が説かれている。（和辻哲郎「私の根本の考」、一四〇―一四一頁）

宗教的な体験と和辻のいう倫理学の間の関係については、本書の課題をはるかに越えているので、立ち入った検討は別の機会に譲りたい。

（23）ベルクがここにつけた注記。「和辻の文章によく見られる表現。」（同書、三四二頁）

（24）和辻哲郎は「私の根本の考」で、「主体を把握」するための「倫理学の方向」について次のように書いている。

主体を飽く迄も主体としてつかむことは、そういう面倒なところともつらなる厄介な問題であるが、人格が問題となるとそれは主体でありつつ一方に於て同時に客体として働く面を持つので、つかまえにくいと共に、つかまえる手掛りが与えられている。生きた人間は、客体としてのみみれば、生理学的心理学的にいくらでも細かに扱える。しかしそれが同時に対象化出来ない主体でもあるのである。かように主体が客体にあらわれてくることによって、主体を把握する糸口が与えられる。総じて、主体が自己を客体化することがなければ、主体間の交渉、交際ということも成立しない。主体が主体でないものに己をあらわしてくることが、人格の生活に行われている。その点に主体を把握するための通路が与えられている。自然科学は一つの対象をそのものとして追求するが、客体的なものを通じて主体的なものに迫って行こうとするのが、倫理学の方向である。個人的全体的な主体の構造を組織的段階的にとらえることが可能になる。汝と我との関係が、男女関係、家族、村落共同体等々として把握せられ、その段階の一つとして経済組織の問題が出てくる。（和辻哲郎「私の根本の考」、一四一頁）

（25）和辻哲郎は「私の根本の考」を、資本主義と共産主義をめぐる倫理の問題で閉じている。

経済組織の中心概念は財である。財は経済的価値を有するものであって、それを媒介として人倫的合一を作ることが経済組織の目的である。経済組織は人倫的合一の一つの段階であるが故に、財は決して人格の窮極目的となることは出来ない。

資本主義経済組織に於ては利潤を絶対的目的とするのが普通であるが、それは本来あるべきものが逆さになっているのである。その点を最初に明白にとらえたのが、ヘーゲルの、欲望の体系という思想である。彼はこの逆さになっていることを人倫の体系全体のなかで明らかにした。簡単に考えて見ても、質のよいものを安く作るという資本主義経営のコツは、単に自利のみならず、消費者に対する道徳的奉仕という意味につながっていると思う。つまり資本主義経済組織も人倫的組織としての意味を持っている筈であり、もしそれを失っているならば、ひっくり返して人倫的にしなくてはならぬ。本来の経済組織は人倫的組織であり、財は手段であって目的ではない。

資本主義が進展すると共に、手段としての財力が強くなり、人間の方が財の手段となり、人間が機械の奴隷にされるという傾向が生じてくる。こういう状態は、在るべき状態が逆になっているのである。それに対して改革を要求する為には、まさにその在るべき状態に就いての基礎的な把握がなくてはならない。マルクスはこの改革の必然性を、商品の分析によって、全然、物の方から説いているように見えるが、実は主体的聯関が、つまり経済組織が、人倫的組織でなくてはならないことを要求しているのである。この根拠がなくして自由競争を「良心なき商業の自由」などと呼ぶことは出来まい。ブハーリンは自分は理論的にはマテリアリストであるが、実践的にはイデアリストである、と云った。共産主義も亦財を媒介にして正義を実現するものでなくてはならないであろう。(和辻哲郎「私の根本の考」、一四一頁)

(26) ここでさらなる課題について記しておくならば、本書で和辻哲郎の議論と比較してきたゲオルク・ジンメルが取り組んだ「倫理学」との立ち入った検討が行われなければならない。ジンメルはその研究生活の初期に、最初の大著『倫理学序説：倫理的基礎概念批判 (*Einleitung in die Moralwissenschaft: Eine*

Kritik der ethischen Grundbegriffe)』（一八九二―九三年）を公にしている。これは、カントの倫理学の中枢にある個人概念中心の「定言令法（kategorischer Imperativ）」を批判し、それまでのヨーロッパ倫理学の根本概念を問い直そうとする。後年ジンメルが、個人概念を乗り越えた「間」の思想――相互関係――を中軸に据えた社会学を展開していく基盤が「倫理学」であったことは、和辻哲郎の「倫理学」を考える上でもきわめて興味深いといえる。Georg Simmel, *Georg Simmel Gesamtausgabe*, Bd. 3 u. 4, Frankfurt a. M., 1989/91.

II

人間《じんかん》の学としての社会学

――社会理論と和辻哲郎『人間の学としての倫理学』――

問余何意棲碧山　笑而不答心自閑
桃花流水窅然去　別有天地非人間

（李白「山中問答」）

世の中はしつこい、毒々しい、こせこせした、その上ずうずうしい、いやな奴で埋っている。

（夏目漱石『草枕』）

漱石、この西欧の古典、日本の古典、中国の古典、仏典までを自由自在に読みこなし、自分の作品の中に縦横に駆使しえた同時代の世界最高の知識人が到達したのは、「人の世を作ったのは人だ」という、日本教の古来から一貫した根源的な考え方である。この世界には猫は住めても神は住めない。

（イザヤ・ベンダサン『日本人とユダヤ人』）

1　循環論法という方法

ここでの課題は、和辻哲郎の『人間の学としての倫理学』（一九三四年）に社会学の理論構成上の着想を探していくことにある。このためここでは、和辻についての学説史的、あるいは伝記的な問題ではなくて、理論そのものを問うことを主眼としている。ここでいう「理論そのもの」とは、和辻がどのような方法を用いて「倫理学」を基礎付けているのかという問いに出発し、その方法が社会学に利用可能なのかを考えることである。そして、さらに和辻の用いている方法が、倫理学や社会学といった枠組みを越えて意義をもちうるのかをも問題にすることにする。これは和辻の著書を対象として行う理論考察であって、和辻哲郎についての専門研究（モノグラフ）ではない。この意味で、「和辻哲郎の本来の意図」や「時代的課題」といった問題には、部分的に言及するにせよ、中心的な関心をもつわけではない。

社会学とは何かという問いに答えて、それは社会についての学問であると答えれば、それは一切を答えているとともに、何も答えていないともいえる。もちろん同じ流儀で、「人類学は人類についての学問である」、「政治学は政治についての学問である」ということもできる。これを同語反復（トートロジー）という。トートロジーは、たとえば「俺は俺だ」という場合のように修辞（レトリック）上の技法としてはよく使われるが、論理的な命題としては無意味であるとみなされることが多い。込み入った表現になると「AはAである」という同語反復の構造が見えにくくなってしまう。たとえば、「すべての人々が幸せな社会を築くには、不幸な人がいない社会を実現しなければならない」という命題は、一読してなにやら立派なことをいっているように見えるが、実は同語反復である。「不幸な人がいない社会」というのは、「すべての人が幸せな社会」の単なる言い換えだからである。ただし、この種の命題を無意味として退けることもできるが、これもまた修辞の技法の一つであると考えることもできる。

社会学はしばしば特定の命題、あるいは「言説」と呼ばれるものに論理的な矛盾や同語反復を見つけ出して批判してきた。さも立派そうなことをいっているが、じつは同語反復じゃないか。トートロジーを修辞でごまかしているにすぎないというわけである。しかし、その一方で同語反復を前面に掲げることによって一つの学問を建設してしまっている偉大な事例もある。たとえば、和辻哲郎の倫理学がそれである。和辻の『人間の学としての倫理学』は、大著『倫理学』（一九三七―四九年）の「序説」であるとされ、「和辻倫理学」の最も縮約された形であるとされてきた。この有名な小著の書き出しは、唖然とさせられるほど見事である。

倫理学とは何であるかという問いに答えて、それは倫理あるいは道徳に関する学であると言うならば、そこには一切が答えられているとともにまた何事も答えられておらない。倫理学は「倫理とは何であるか」という問いである。だからそれがかかる問いであるとして答えられるのは正しい。しかしそれによってこの問いの中身には全然触れられるところはないのである。従ってこの問いの中身は倫理学自身によって明らかにせられるほかはない。（和辻哲郎『人間の学としての倫理学』岩波文

庫、二〇〇七年（初版一九三四年）、九頁）

倫理学の中身とは倫理学者が明らかにしたものである。倫理学者とは倫理学を研究する人物のことだから見事な同語反復そのものである。以前の本書の筆者自身も含めて、この種の説明を目にすると失望や怒りを感じる読者も多いだろう。簡単にいえば、和辻のいう「倫理学」は科学ではない。科学はシステムの外部に対象を必要とする客観的な知であり、客観性を根拠付ける原理（基準）も外部になければならない、という古典的な科学観にとっては、同語反復や同語反復による循環論法は許すことのできない欺瞞だからである。研究者が実在する研究対象を緻密に研究するといった多くの自然科学者が取り組んでいる「科学」と、和辻の「倫理学」は、少なくとも別の原理で成り立っている知識なのである。

ただし、このことは取り立てて珍しい問題ではない。問題は研究対象の性質による。周知のように古典的な科学観が主に自然科学を中心として成立してきたために、自然科学では当然の前提が、人文・社会科学にあっては達成困難であることが多いからである。天文学者と天体は別の存在である。ニュートンと落ちてきたリンゴも別の存在である。医師と患者も多くの場合別の人物である。これに対して、経済学者自身が経済活動を行っており、経済学者や政治学者が現役政治家の指南役を務めることは普通である。法律は法学者が制定するものであると同時に、法律を用いて裁判を行うのもやはり法学者である。芸術や宗教に至っては、すべてがシステムの内部で循環しているとすらいえる。もちろん、「社会学」という名前で繰り返し再生産される言説の大半も、現下の社会情勢に自ら影響を与えることを意図して生産されていることが多い。社会学と社会運動の境界線が曖昧になりがちなのは、周知の通りである。

和辻の倫理学に戻るならば、先の引用部分に続く段落では次のように書いている。

倫理学についていかなる定義を与えようとも、それは、問いを問いとして示すに過ぎない。答えは結局倫理学自身によって与えられるほかはないのである。倫理学は倫理的判断の学であるとか、人間行為の倫理的評価の学であるとかと定義せられる。しかし倫理的判断とは何であるか、人間とは何であるか、倫理的評価とは何であるか。それは既知量として倫理学に与えられているのではなく、まさに倫理学において根本的に解かれるべき問題なのである。だから倫理学とは何であるかを倫理学の初めに決定的に規定することはできない。（和辻哲郎、同書、九―一〇頁）

哲学分野の専門研究者から、「なにを今さら」という冷笑を浴びるのを覚悟していえば、和辻哲郎は、古典的な実証主義の科学観には立っていない。よく指摘されるように、また和辻自身がたびたび引用するように、和辻が用いているのは、フッサールが確立し、ハイデッガーが展開した現象学の方法である。(1) 現象学が当初から芸術や宗教といった領域を得意としてきたのは偶然ではない。たとえば、和辻の文章を言い換えて、「音楽についていかなる定義を与えようとも、それは、問いを問いとして示すにすぎない。答えは結局音楽家自身によって与えられるほかはないのである」というならば、音楽論の論文の書き出しとして、まったく違和感がないだろう。ためしに、ここで入れ替えた「音楽」と「音楽家」を、「詩」と「詩人」や「仏教」と「仏教者」に置き換えてもやはりそれぞれに意味深い議論が始まるように思われる。

他方で、この種の同語反復や循環論は、現象学系の議論にありがちな神秘化や私物化（個人化、パーソナル化）によって、秘教のような議論になってしまうことも多かった。たとえばハイデッガーがソクラテス以前のギリシア哲学者や、難解な現代の芸術作品について独特の用語を多用して重々しく論じるとき、大半の人は通常の実証主義的な立場による批判は思いつかない。そもそも、その種の批判をする人々は、ハイデッガーなど読まないだろう。

ただし、当時の哲学の議論を離れて和辻哲郎の議論を詳細に読んでいくと、この人が「倫理学」と呼ぶものを同語反復によって定義しながら、さらに「客観的」な領域にまで議論を広げていこうとする様子が視野に入ってくる。宗教や芸術の場合を考えればわかるように、多くのシステムはそれ自身の内部で循環している間は破綻を生じない。破綻が生じるのは、しばしばシステムの外部――他者――に言及する場合である。和辻の議論に沿っていえば、「倫理学の中身とは倫理学者が明らかにしたものである」、あるいは「倫理学の研究対象は倫理学者が明らかにしたものである」と言明している間は、誰も文句はつけようがない。これに対して、特定の問題が倫理学とは独立して存在すると言明する場合である。

出発点において我々はただ「倫理とは何であるか」という問いの前に立っている。ところでこの問いは何を意味するであろうか。この問いが言葉によって表現せられ、我々に共通の問いとして論議せられ得るということが、出発点においては唯一の確実なことである。我々は倫理という言葉によって表現せられたことの意味を問うている。そうしてその言葉は我々が作り出したものでもなければまた倫理学という学問の必要によって生じたものでもない。それは一般の言語と同じく歴史的・社会的なる生の表現としてすでに我々の問いに先だち客観的に存しているのである。（和辻哲郎、同

書、一〇頁）

ここから和辻の意図するのは、ヨーロッパ由来の倫理学の閉じたシステムとは別個に、独自の「倫理学」を構想することである。もちろん和辻は自分の構想する「倫理学」に外的な根拠付けを行おうとはしない。『人間の学としての倫理学』を素直に読めばわかるように、ここで行われているのは概念の背景をめぐる説明であって、根拠付けではない。

和辻の議論が興味をそそるのは、外部に根拠付けを求めるのではなく、むしろ同語反復や循環によって「倫理学」を内的に構築していこうとしている点にある。つまり、倫理学が倫理学そのものを根拠付ける構造を積極的に認めていく立場である。それはいうならば、方法としての循環論法とみなすこともできるだろう。

先にも書いたように、本書の筆者もかなり以前、和辻哲郎のこのような議論に戸惑ったことがある。一九三四年、いまから約八〇年前に、稀代の文章家によって書かれた日本語の「哲学的文体」の個性はあるにせよ、修辞上の技巧を取り除けば、結局何も言っていないのではないかという疑いである。いかめしい美文で「倫理は倫理だ」といったとしても、それが何だというわけである。

ところがしばらく社会学理論の問題、特に社会学の方法をめぐる議論を考えてくる中で、和辻の倫理学にとどまらず、社会科学の命題の多くが突き詰めていけば同語反復や循環論によって成り立っていることに気づくようになった。そして、特定の知識システムの外部に何らかの確固とした根拠を発見してシステムを構成している命題を論証することのみを重視する「科学」を相対化して考えるようになった。

たとえば本書の冒頭の例を使えば、「人類学は人類についての学問である」や「政治学は政治についての学問である」という命題は、和辻流にいえば、「一切が答えられているとともにまた何事も答えられておらない」。つまり、何事も答えていないのと同時に、一切を答えているともいえる。もちろん「社会学は社会についての学問である」というのも同じである。さすがにここまであからさまな同語反復をそのまま堂々と提示する社会学者はいないが、[2] あらためて見直してみると多くの問題がこの同語反復から展開しうることに気づかされる。

そもそも、「社会学は社会についての学問である」という場合の、「社会」とは何なのか?という問いに対する答えも、やはり同じ方法で答えることになる。手近なところで『広辞苑』にある「社会」の定義は、「人間が集まって共同生活を営む際に、人々の関係の総体が一つの輪郭をもって現れる場合の、その集団」とあるのだが、「人間が集まって共同生活を営む」ということ自体が、すでに「社会」の言い換えである。つまり、「社会とは、人々の関係の総体が一つの輪郭をもって現れる場合の、その集団のことである」と言い換えてみても、この定義には大きな変更はないのである。個人や諸集団の間の相互行為や、相互行為によって変化していく過程を定義に加えてもっと長い説明をすることもできる。しかし、根本はやはり同語反復なのである。

念のために言い添えておくと、以上のことをもって、「社会」という概念の無効性を主張しているわけでも、「社会学」を非難しているわけでもない。むしろ、正反対に、壮大に組み立てられた同語反復の構築物に感嘆しているのである。そして、あらためて和辻哲郎がすでに八〇年前に行っていた議論の意義を実感するのである。明らかに和辻は、意識して循環論法を用いている。「倫理」の問題は、「社会」の問題と同じく循環論でしか定義できないし、論じることもできないのだが、それでもなお実在している。さらにいえば、人文・社会科学にとって有意義な命題というのは、必然的に同語反復と循環を含んでおり、むしろ同語反復と循環論によって「有意義さ」を作り出し続けているのではないだろうか。

他方で、同語反復と循環論が表現されるための修辞（レトリック）こそが、人文・社会科学にあっては重要な問題となりうるのではないだろうか。(3) たとえば、先の「すべての人々が幸せな社会を築くには、不幸な人がいない社会を実現しなければならない」という命題に戻ると、「すべての人々が幸せな社会を築くこと」と「不幸な人がいない社会を実現すること」という同内容のはずの二つの命題が、どのように組み合わされることで、あたかも新しい命題が構成されているかのように見えるのか。同語反復は無内容であるとされながら、実際にはさまざまな内容を社会的に生み出している。修辞は、社会的に見ると、無から有を生み出す。別の角度からいえば、「ものは言いよう」としばしば言い現わされる事態が、社会的にどのような役割を果たしているのかを考えることである。新聞雑誌の報道で、誰もが日々体験しているように、同じ対象、同じ事実でも、修辞（語り方）によって違った形で表現される。時には、存在しないはずの問題が生み出される。もちろん学術文献も無関係ではない。無関係であるどころか、むしろ、より複雑な修辞が工夫されている。工夫された修辞が継承され、再生産される。それは、同語反復や循環論法などの修辞法によって、人々はいかにして「倫理」や「社会」を作り出しているのかという問題でもある。

2　人間という概念

ここで和辻哲郎の『人間の学としての倫理学』の書名にもなっている「人間（じんかん）」という概念に検討しておく必要があるだろう。

ただし、ここであらかじめ注意しておかなければならないことは、和辻が、いわゆる「言語論的転回」の以前の哲学者であるということである。このため和辻は「言語論的転回」の流れで否定されてきた「言語模写説」（特定の言葉は特定の客観的内容を指し示しているという考え方）に部分的に依拠している。このため洋の東西にわたる言葉の用例を膨大に精査すれば特定の研究対象が浮上してくるという考えに基づいて博識な説明を展開するわけである。ただし、和辻のような著者が興味をそそるのは、当人が用いている現象学の方法こそが、後に言語論的転回の契機になっているという事実である。人は自分の内面の思考を表現するために言葉を用いているつもりになっていながら、実は特定の言語表現（レトリック）によって思考させせられている。言語は透明な媒体ではなくて、それ自体が色を持った思想でもあり得るというのが言語論的転回以後の「常識」である。他方、人々が特定の『言葉』に同じような連想を抱く過程は、現象学が長年にわたって論じてきた問題でもある。いうならば、和辻の仕事自体が新旧の立場を併存させているのである。

和辻哲郎を読む場合、古風な語源説明とその他の議論を一緒くたにして「古くさい」と退けてしまうことも可能かもしれない。しかし、その種の議論を通過して登場してくる和辻独自の新概念が、言葉として人々をどのように思考させるのかを読み取る方が、はるかに有意義だろう。言い換えれば、和辻の手で練り上げられる新概念が、今日の読者にどれだけ斬新な思考をさせるのかという点である。

たとえば、和辻哲郎は「倫理」、特に「倫」という漢語（漢語：古典中国語）の意味を手がかりにしてさらに議論を展開していく。確かにそれは、西洋人がethics, Ethik, éthiqueなどのギリシア語由来の言葉で呼ぶ議論の外部にある。西洋人がethics（倫理学）という概念で展開してきた議論とはまったく別個に古代以来の中国人が「倫理」や「倫」について考えてきたのだから、確かに外部である。ただし中国の議論が外部に向かって開かれているのかといえば、こちらも内部で同語反復が循環している。ようするに「ethics」と「倫理」の各々別個の閉じたシステムが長年再生産されてきたのである。ここには古来、比較文化論、比較思想論が陥りやすい罠が潜んでいる。別々のシステムの各々に似た要素があるからといって、両者を同一視してしまう間違いである。たとえば、西洋の「ethics」では殺人を禁じている。中国の「倫理」でも殺人を禁じている。だから「ethics」と「倫理」は同一であるといった結論に急いでしまう間違いである。

もちろん、和辻哲郎はこの種の議論には向かわない。その代わりに提示するのが、「人間（じんかん）」という概念である。それはヨーロッパ語でも中国語でもなくて、日本語の用法での「人間」が含んでいる可能性を拡大したものである。和辻の説明によれば、古典中国語の「人間（じんかん）」は、「あくまでも世間、人の世であって、人ではない」（和辻哲郎、同書、一三頁）。これに対して、日本語の

「人間」は中国から伝わった元来の用法に加わって「人」の意味をもつようになり、今日の日本語で「人間（にんげん）」といえばむしろ「人」の意味をもつようになっている。つまり日本語の「人間」は、「ひと（にんげん）」であると同時に世間、「じんかん」でもある。日本語の「人間」が両義的な概念になったきっかけは、日本人がかなり遠い過去のある頃から「誤解」してきたことであった。

しかしこの「誤解」は単に誤解と呼ばれるにはあまりに重大な意義を持っている。なぜならそれは数世紀にわたる日本人の歴史的生活において、無自覚的にではあるがしかも人間に対する直接の理解にもとづいて、社会的に起こった事件なのだからである。この歴史的な事実は、「世の中」を意味する「人間」という言葉が、単に「人」の意にも解せられ得るということを実証している。そうしてこのことは我々に対してきわめて深い示唆を与えるのである。もし「人」が人間関係から全然抽離して把握し得られるものであるならば、Mensch を das Zwischenmenschliche から峻別するのが正しいであろう。しかし人が人間関係においてのみ初めて人であり、従って人としてはすでにその全体性を、すなわち人間関係を現わしている、と見てよいならば、人間が人の意に解せられるのもまた正しいのである。だから我々は「よのなか」を意味する人間という言葉が人の意に転化するという歴史全体において、人間が社会であるとともにまた個人であるということの直接の理解を見いだし得ると思う。(4)（和辻哲郎、同書、一九―二〇頁）

まさにこれは和辻哲郎の名匠としての手業が光る一文である。執筆中の著者は、おそらく書きながら自分の手際のよさに満足したのだろう。この一文で、この一冊が破綻なく仕上げられると実感したのかもしれない。最初に日本語の「人間」という言葉について外国語の事例を引用しながら困難を設定し、次に過去の伝統を援用しながら自分で解決する。その手際に、自作自演にありがちな不手際やテレは感じられない。おそらく素朴な読者ならば、和辻が決定的な真理を発見する現場に立ち会っているような感動を覚えるだろう。ただし、この種の修辞的（レトリカル）な工夫を見慣れた「人間」――人々――には、疑問がわいてくる。要するに循環論法なのではないのか、ということである。まさにそのとおりである。ただし、本書では、循環論法や自己言及を「無意味」と判定するわけではない。むしろ、循環論・自己言及論の命題として形成される議論にこそ独自の意義を見いだしたいと考えているからである。

他方で、現象学の素養がある読者ならば、「数世紀にわたる日本人の歴史的生活において、無自覚的にではあるがしかも人間に対する直接の理解にもとづいて……」という書き方が高度に現象学的であることが、「直接に理解」できるだろう。旧来の認識論の手続きを介さずに直覚する認識、まさに生の動態の中でそこにある存在を実感する認識、「主観的形成体なのであり、学問に先立って経験しつつある生活の所産[5]」なのである。それは近代科学を生み出したヨーロッパ人が古くから考えてきたように、孤立した人間（個人Mensch）と人間関係性（間人das Zwischenmenschliche）を厳然と区別するのではなくて、「個人であると同時に世間でもある人間（じんかん）」を直覚すること。個人は同時に人々でもあり、人々は同時に個人でもある様態を議論の出発点に据えることなのである。

さらに展開するならば、「個人が個人である根拠は、それが人々（＝集団）の関係に基づいているからであり、人々が人々である根拠は、それが個人の存在に基づいているからである」という、まるで鏡像のような同語反復・循環論が成り立つ。個人と集団の関係は、まさに個人と集団の関係によって成り立っている。

確かに、倫理の問題や、人々が日々作り出している「社会」の問題は、このように成り立っているのではないだろうか。人はかなり気軽に「社会」という言葉を口にする。「社会的責任」「社会的背景」「社会問題」「開放的社会」「閉鎖的な社会」、そして「社会化」や「社会性」。日常語から専門用語まで、床屋談義から学会の討論や専門理論書まで、登場する言葉をシステムの外部で根拠付けることはできない。「それでその根拠は？」と数回問い続ければ、元の説明に戻ってしまう（循環論法）か、説明されるべき言葉に戻ってしまう（同語反復）。社会問題の根拠は社会的背景であり、社会的背景とは人々が暮らす社会のあり方であり、社会のあり方というのはそこで共有されている社会問題からなっている。

同語反復や循環論法が「科学」において無効であるならば、社会科学は究極的には科学ではない。ただし、科学において同語反復や循環論法が無効であるということの根拠が一体何なのか？と問うならば、事態は逆転する。なぜいけないのか。さらに、自然科学がシステムの外部に確固とした根拠を提示できるとしても、科学システムの外部にあるとされる研究対象が、研究対象として有意義である根拠はどこにあるのか？　カント以来の認識論哲学が明らかにしてきたように、科学も含めた認識の根拠は関心（インタレスト）であって、関心は外部的に根拠付けることができない。天文学者が天体に関心をもつこと自体は、科学的に根拠付けることができないのである。この点では、自然科学ですら、同語反復や循環論でしか根拠付けることができない。もしもそうならば、学問の外部（外的根拠付け）において循環している自然科学と、学問の内部で循環している社会科学の相違が見えてくる。すると、外部で循環している学問が真の科学で、内部で循環している学問がそうではない根拠はどこにあるのか？　このように突き詰めていくと、ある時点で、主に自然科学を想定している人物が、「外部で循環している学問が真の科学である」と決断したことが究極の根拠であるということになる。それ以外の根拠が何かあるだろうか。

このように論じてくると、いや、そうではなくて現に自然科学は人間の生活に対して客観的な成果をあげているじゃないか、自然科学者の狭い世界にとどまらない影響を社会に与えているではないかという反論があるだろう。自然科学の外部である「社会」に自然科学は大きな貢献を果たしており、現に自然科学がない社会など、今日考えることなどできないではないか。しかし、まさにこの種の説明こそが、社会科学が最も得意とする領域なのである。「社会への影響」や「人間生活での成果」の根拠は、同語反復や循環論でしか説明できない。これらは、まさにシステム内部で循環する概念なのである。

ただし、ここではこの種の「売り言葉に買い言葉」を上書きすることが重要なのではなくて、むしろ人文・社会科学にとっての同語反復や循環論法の意義を問い直すことなのである。私見では、研究者をも含めた多くの人々が互いに相互言及、自己言及を繰り返しながら、「社会」についての理解を積み重ねていくことの方が、人間が暮らす生活世界（生世界）についての現実を知るためになるのではないかと考えている。

和辻哲郎が「倫理学」をめぐって行った思考が意義をもつのがまさにこの点である。本書ですでに論じてきたように、和辻は同語反復や循環論法を意図的に用いて「倫理」について考えていく。それは「外部」に何らかの実在する根拠を求める思考ではなくて、自らの内部に根拠を作り出していく思考である。このように考えていくならば、和辻の次の一文の意味深さがわかってくる。

「人」という語のこの特殊な含蓄は、この語に「間」という語を添加して「人間」という語を作っても、決して消えていくものではない。人間は単に「人の間」であるのみならず、自、他、世人であるところの人の間なのである。が、かく考えた時我々に明らかになることは、人が自であり他であるのはすでに人の間の関係にもとづいているということである。人間関係が限定せられることによって自が生じ他が生ずる。従って「人」が他であり自であるということは、それが「人間」の限定であるということにほかならない。人を人として規定するものが言葉であるということも、結局は同様の意味を持つと思われる。かく見れば人間という言葉が人の意に転用せられるのは、「人」という言葉の含蓄から考えても根拠なきことではない。（和辻哲郎、同書、二一―二二頁）

人は他人との関係において人となるのであり、他人との関係こそが人なのである。人を人として規定するのは言葉であり、「人間」という言葉を用いる人々が言葉の用法を規定する。規定することは規定されることであり、語ることは語られることである。見事な同語反復であり、同語反復の可能性を極限まで突き詰めていこうとする意図すら感じられる。少なくともいえることは、和辻が探求している「倫理学」は、決して古典的な科学観に基づいた実証主義科学ではないということである。実証主義が、科学的探求によって実在する真実を明らかにすることを意図するならば、和辻の倫理学は、和辻自身も含めた当事者の間の相互関係によって構築されていく知の営みなのである。その場合、もちろん「人間」という概念の成り立ちそのものも特定の人物の意図的な発明によっているわけではない。

しかし実際の転用はかくのごとき自覚から起こったのではなかった。**それは客観的精神の世界での遠い迂り路によって知らず知らずに惹き起こされたことなのである。**しかもかかる転用はシナにおいては決して起こらなかった。人間とはあくまでも世間、人の世であって、人ではない。別有天地非人間（李白）といわれる場合の「人間」は明らかに人間社会である。ここでは別天地が人の世のものでないとして示されている。人間行路難（蘇軾）とは人間社会における世渡りのむずかしさであり、人間万事塞翁馬とは歴史的社会的なる出来事の予測し難いことをいう。……（和辻哲郎、同書、一二三頁、太字強調は犬飼）

和辻はここから中国古典、インドの仏典についての知識に入っていくのだが、思想史研究ではない本書でそれらについて検討する必要はないだろう。和辻によると、知らず知らずのうちに起こった転用のおかげで、なぜか中国にはない独自の概念が日本だけに生まれた。それはなぜなのか。もしもそれが事実だとしても、その事実を和辻があえて強調するのはなぜなのか。ここでは一旦、和辻哲郎が『人間の学としての倫理学』を書いた一九三〇年代について考えることにする。

3　一九三〇年代に追いつくために

八〇年前に、しかも社会学ではなくて倫理学で行われた議論が、なぜ今日の社会学で論じる必要があるのだろうか。和辻哲郎が『人間の学としての倫理学』を書いた一九三〇年代は、広義の「思想」と呼ばれる領域が世界的に大きな成果を収めた時期の末期にあたる。ここで一旦目を転じて、哲学史、あるいは一九世紀末~二〇世紀初頭の学問史の問題に立ち入るならば、この頃は「哲学」をめぐる種々の方法が相次いで登場し、さながら方法論の実験場といった様子であった。その際に注意を引くのは、方法としての「解釈学」「現象学」「倫理学」、そして「心理学」「社会学」のあり方である。端的にいえば、この頃の哲学者や思想家たちにとって、「社会学」というのは、あくまで方法の名前であり、この方法を共有することで独自の学科を建設することを夢見ていた人々のことである。この意味で、「解釈学」や「現象学」と「心理学」や「社会学」の間の違いはない。たとえば、フッサールは一九一一年に「厳密な学としての哲学」論文を、新カント派の哲学誌『ロゴス』に発表し、マックス・ウェーバーも一九一三年に「理解社会学のカテゴリー」を同じ雑誌に発表している。このことは「現象学」と「社会学」が、それぞれ独立の学科というよりも、むしろ哲学の方法論の名前であったことを暗示している。

一九三〇年代、哲学や科学をめぐる議論は高度に展開され、他の時代には類例がないほどの展開を経験した。その華々しさは、二〇世紀後半の停滞と鋭く対照的である。日本においても西田幾多郎や本書の主人公である和辻哲郎の活躍と、「戦後」と呼ばれた時代を代表する人々を対比すれば明らかである。[6]今日、「戦後」と呼ばれた時期から距離を置いて一九三〇年代と比較するならば、あたかも時間が逆転しているかのような印象を受ける。一九三〇年代の思想家たちは、一九世紀の素朴な実証主義、たとえば人類の歴史には客観的な法則があるといった考えを批判することに出発した。長らく西洋近代思想の中心であった、「自我」や「近代的主体」といった概念が問い直され、相対化されていった。ところが、「戦後」は、むしろ一九世紀の考え方が世界的に復活して、ひどく素朴で古風な議論を繰り返していた。用語は取り替えられていても、基本の発想は同じ。特定の「法則」を前提にして、多様な社会現象を論評し、それが正しいか否かという形で議論をする。特定の国の武力による政権交代が、「市民革命」なのか否か。あるいは日本やドイツの近代化には「近代的個人」が欠けていたのか否か、「真の近代化」は実現していたのか否か。そんなつまらない論争を「大学者」と呼ばれた人々が大まじめに続けていた。「法則」と呼ばれるものの構造や、「自我」と呼ばれるものの根拠、「社会現象」と呼ばれるものの成り立ちを深く考えた一九三〇年代の思想家たちには理解困難な後続者の先祖返りである。

日本に議論を絞るならば、先祖返りの現象は、一九三〇年代と「戦後」のメディアや大学教育とも関係している。一九三〇年代の和辻哲郎は、いわゆる「一高東大」のエリート文化の代表者である。これに対し、太平洋戦争をきっかけに急拡大したメディアと、「戦後」一貫して拡張、巨大化、大衆化の道をたどってきた大学教育は、一九三〇年代の前衛的な事業ではなくて、より単純な学問を必要とした。多くの基礎教養を必要とし、緻密な議論を追わなければならない学問は敬遠される。そうではなくて、薄手のパンフレットを読めば「歴史法則」がすべてわかるといった形の、冷静に考えればありえないような発想が、メディアと学界を支配していた。いうならば知的退行現象である。それは大衆消費財としての「思想」が席巻した時代ということもできる。その種の消費財が、一九三〇年代には考えられなかったほど大勢の人々に「思想」の問題を意識させたという効果は確かにあったのだろう。しかし、その代償は全般的な退行現象であった。

一時期大きな名声を獲得し、その後急速に忘れ去られる「メディア知識人」が、人文・社会科学の領域にもたらした被害は、彼らの主張が間違っていたことによるものではなくて、メディア知識人の業態こそが正統な学問のあり方であるという通念を普及させたことにある。メディアの業態が学問を乗っ取ってしまった。特に、「社会」を研究対象とする社会科学は、多くの人々からの反響を「社会的意義」として受け取る宿命にある。息の長い洞察よりも、ある時代に大反響を引き起こす決まり文句を追いかける方が、しばしば魅力的であるのは自然なことであるともいえる。

メディア知識人たちは、人気のメディア人――「芸人」――として常に「売れて」いなければならない。売れるためには、年来の多くの読者や視聴者が求める内容を生産し続けることである。数万、数十万の単位の支持者が同時に満足するような内容は、込み入った内容ではなくて単純なスローガンであり、また時に、意味不明だが神秘的で権威の香りのする「言説」である。具体例をあげるならば、いわゆる「ソーカル事件」だけで十分だろう。ニューヨーク大学の物理学教授アラン・ソーカルが、当時流行のフランス現代思想を引用しながら自然科学用語をちりばめたでたらめな内容の論文を、一九九六年に有力雑誌に投稿し、それが掲載された。ソーカルの意図は、フランスのメディア知識人たちがあやふやな知識で自然科学用語を濫用する事態を揶揄し、非難することであった。衝撃は大きく、フランス以外の国々でも、メディア知識人が生産する意味不明な「思想」への疑問が拡大した。

当然といえば当然で、一九八〇年代日本の「現代思想」の流行を今から振り返るならば、多くは一九世紀の階級闘争論や発展段階論や歴史法則主義に新奇な用語をちりばめた代物で、「現代」でもなければ、独自の「思想」の探求でもない。文章は晦渋で、言葉は難解でも、ていねいに読み込んでいけば、「資本主義」や「国家権力」や「金融資本」を、単に言葉をいろいろ取り替えて中傷しているだけ。巨大なメディア資本に雇われた論者自身がその種の巨悪に実際には荷担しているのではないのか、あるいはそんなに病んだ社会の中で、論者自身はどこにいるのかという問題は放置されている。自分と自分の仲間だけは特別な存在で、魔法使い並の認識力で社会の「本質」が透視できてしまう。この種のメディア知識人に無縁なのは、緻密な議論を追う地味な探求であり、多くの消費者の嗜好を越えた知の探求である。数万、数十万の消費者（読者）が賞賛するのは、一九世紀風の単純決定論であり、勧善懲悪時代劇のような「悪者」の断定である。古くさくて幼稚な議論が延々と再生産され、自己言及をしない厚顔無恥な「知識人」が大活躍する反面で、大勢の読者を啓発しようという努力はなされない。使い古しの決まり文句を毎度繰り返すばかりで、決まり文句の繰り返しによって見えなくなっている問題は一切問わない。既存の修辞法（レトリック）がそのまま再生産されるだけで、修辞法そのもののあり方を問う努力は無視される。結果、古くさい一九世紀の妖怪が二〇世紀後半の世界をうろつき回っていた。繰り返しになるが、その種の一九世紀的な社会観を批判したのが、一九三〇年代の思想家たちだったのである。

私見では、その回復には一九三〇年代の思想家たちの仕事に立ち返る必要がある。ただし、ここで重要なのは、一九三〇年代の大学人が抱いていたようなエリート意識を再興することではなくて、むしろ複雑な現代社会に直面する多くの人々が経験の上で知っている問題を、より緻密に認識することなのである。そもそも一九三〇年代の思想家たちは、一九世紀の思想や科学観が陥った困難や危機を告発することを意図していた。フッサールが一九三六年に書いているのはまさにこの問題である。

われわれはまず、前世紀の終わり頃から現れた、学問に対する一般的な評価の転換ということから議論をはじめよう。その評価の転換というのは、学問の学問性にかかわるものではなく、むしろ学問一般が、人間の生存にとってなにを意味してきたか、またなにを意味することができるか、という点にかかわるものである。十九世紀の後半には、近代人の世界観全体が、もっぱら実証科学によって徹底的に規定され、また実証科学に負う「繁栄」によって徹底的に眩惑されていたが、その徹底性たるや、真の人間性にとって決定的な意味をもつ問題から無関心に眼をそらさせるほどのものであった。単なる事実学は、単なる事実人をしかつくらない。（フッサール『ヨーロッパ諸学の危機と超越論的現象学』細谷恒夫・木田元訳、中公文庫、一九九五年、二〇頁）

フッサールの危機意識は、むしろかなり後になって現実のものとなった。五〇年後になっても、人間社会の歴史に「法則」があるのかどうかなどという解決済みの問題を世界中の人々が議論していたこと自体が、知的な退行現象である。そして、この種の幼稚化した議論は、それが評価されていた社会的背景を失ってしまえば、読むに堪えない。しかし、巨大化したメディアが大量にばらまいた「思想」は人文・社会科学をも全面的に覆い尽くしていた。目を覆うような惨状である。おおよそ五〇年にわたって時間が失われてしまった。

何よりも皮肉なのは、一九三〇年代の思想家による実証主義批判をまじめに取り上げたのが、「ニューサイエンス」と呼ばれる自然科学分野の議論だったことである。この意味でも、物理学者が仕掛けた「ソーカル事件」は象徴的であった。「複雑系」や「カオス」、そして「自己産出」「オートポイエーシス」。これらの議論は、従来の古典的な科学観に飽き足らない自然科学者たちが、自分たちが日々経験的に直面している現象を理解するために取り組んできた成果である。フッサールは自然科学由来の実証主義が人文・社会科学を席巻する事態を憂慮したが、二〇世紀の後半、素朴な実証主義をいち早く批判したのは実は自然科学者たちなのである。一九三〇年代の言い方を口まねだけはする「文系人」には、自然科学の影響を非難する習慣があるが、当人たちが退行し幼稚化している間に、自然科学の方がはるかに高度な議論を展開していたのである。失われた五〇年を経て、人文・社会科学は、この敗北を素直に認めて再出発しなければならない。

敗北を認めた上での再出発は、自然科学の領域に辛うじて保持されてきた一九三〇年代までの成果を学び直すことであり、同時にこの時代の思想家たちが到達していた水準になんとか追いつくことなのである。人文・社会科学の世界に広がるおびただしい死骸の山を越えていくには、二〇世紀後半の日本で孤独な探求を行っていた先人の仕事が導きとなるだろう。最初物理学を学び、太平洋戦争中は海軍の研究所で働き、「戦後」に哲学科で学び直した大森荘蔵の仕事は、自然科学の領域で行われてきた自己省察、自己言及の営みを踏まえた哲学が、「戦後」の日本でも滅びないで生き残っていた事例として忘れられないものである。

現代科学、そしてそれと切り離せない現代思想の根幹を最も単純明快に表現したのがデカルトであった。しかしこれまで述べてきたように、このデカルトの考えには根本的な欠陥がある。その欠陥の核心は、色、音、匂い、のような感覚的性質を主観の側に、そして形状や運動を客観の側にとりわけた点にある。これは一見、さして重要でない分類、たとえそれが誤りであったとしてもとりたてて騒ぐ程のことはないような区分、に思われるかもしれない。しかしそうではないのである。この一見何でもない区分こそ、一方では近代科学の発展を支えてきたものであり、他方で、現代のわれわれの自然観と人間観とを呪縛している区分なのである。この区分こそ「客観的自然」を素粒子や電磁場という「死物」とし、それによってその自然の中の一物体としてわれわれ自身の身体をもまた「死物」とし、それに対して居所不明の「心」を考える、という結果を生んだものなのである。

（大森荘蔵『知の構築とその呪縛』ちくま学芸文庫、一九九四年（初版一九八五年）、一六六頁）

この一文に、「客観的社会という死物」を追加すれば、すでに多くの言葉を必要としないのかもしれない。[7]特別な能力をもった知識人が「社会」をモノ（死物）のように研究し、その運動法則を究明する。魔法使いのような存在である科学者は、一般人の目には見えない特別な能力ですべてを見通してしまうかのようである。政治家や企業家が失敗すれば、そんなことはやる前からわかっていたのだ、といった調子で説教を垂れる。この場合、ほんの少し前まで自分が言っていたことは都合よく忘れられている。大森という哲学者が一九世紀風の「科学」が支配する状況に抗して孤独に取り組んでいた事業は、人文・社会科学をも支配していた「デカルト」に異議申し立てをすることであった。

一九二一年生まれの大森がこの世代の日本の「文系」の著者として貴重な存在なのは、和辻哲郎がそうであったように、人類普遍の問題を自在に論じていく視点にもある。もちろんこんなことは当然のことである。しかし、そんな当然のことが困難になっていたのが「戦後」であった(8)。同時代の著者たちの多くは、特定の哲学分野の蘊蓄話が終わると、すぐに日本人論や日本特殊論のような話になってしまう。そんな著者たちの中で、大森荘蔵が際立った存在であったことは何度強調しても強調しすぎることはない。

4　分岐点としての和辻倫理学

和辻哲郎の議論は二つに分岐していく。一つは一九三〇年代の世界哲学に新たな貢献を行う道。そして、もう一つは「日本」――日本、日本文化、日本人、日本の風土――の独自性を他から際立たせる道である。和辻当人は、両方の立場を共存させていた。「人間」という概念をめぐる議論がまさに典型例で、古今東西の長年にわたる哲学者たちの思考に、「人間」という概念が欠けていたことを強調して自分の哲学（倫理学）の独自性を際立たせようとする。自分こそが、世界に向かって、それまでにない思索を行うのだというわけである。ところが、和辻によると、「人間」というのは日本にだけ成立した独自の概念であって、背景には日本の歴史や文化、そして「風土」があるということになる。つまり、日本に独自の概念を使って世界哲学を変革しようというのが和辻の事業なのである(9)。

もう一つは、和辻哲郎の議論の中に日本や日本文化の独自性、あるいは他者と切り離されたアイデンティティを読み取ろうとする立場である。これまでの多くの研究者がとってきたのがこの立場で、長らく続けられてきた「日本文化論」や「日本人論」の偉大な先行例として和辻哲郎を援用しようとする。この場合、和辻哲郎というのは、あくまでも日本と日本人の独自性を他者から切り離す人物であり、外国で行われている哲学上の議論に何らかの影響を与えようなどとは考えないとみなされる。この立場によれば、和辻は世界に向かって「日本」の独自性や特殊性を主張する議論を展開したのであり、それ以外の議論は重要ではないということになる[10]。

ここでの議論に最初から付き合っていただいた読者ならば、筆者が前者の立場をとっており、後者の立場に対して否定的な意図を抱いていることはあらためて説明するまでもないだろう。しばらく和辻哲郎を読んでくる中で、多くの論者たちがなんで日本特殊論（日本独自論）のような議論にだけこの人物の仕事を結びつけたがるのか理解困難であった。これほど先人の知の資源がありながら、なんで狭い日本社会の独自性だけに議論を限定しなければならないのか。まさにこれこそがここでの関心である。

それは、先に論じたように、「戦後」と呼ばれてきた時代の知的な不毛さを清算することを意図している。過去に日本発の世界哲学上の大きな貢献がありながら、後に続く人々が可能性をつぶす。一方には、太平洋戦争中の「戦争協力」を糾弾する勢力があり、他方には傷ついたナショナリズムを癒やすためにひたすら内部に「ひきこもり」を行って外との交流を遮断しようとする勢力がいる。どちらも敗戦の挫折を「戦後」も生きた過去の人物――和辻哲郎――に仮託しているだけであって、最初から結論は決まっている。どちらも日本国外の人々にとってまったく無関係の議論の連続であって、そんなものを世界に発信することなどできない[11]。

少し常識で考えてみればわかることだが、「和辻哲郎は日本文化の独自性だけを強調していた」という議論が外国人にとっていったい何の意味があるのか。言い換えれば、「あなたがた外国人にとって和辻哲郎は無関係である」という主張に、外国の和辻研究者から何らかの意味ある応答ができるだろうか。「自分たちは特別なので、他者とは無関係だ」と明言する人物と交流したいと思うのは、かなり特殊な人々だろう。私見では、まさにここにこそ「戦後」の知的な不毛さがある。和辻にちなんで言い換えれば、この意味で「戦後」の日本は知的に「鎖国」をしたともいえる。

それは、単にいまある自分自身の自己認識（アイデンティティ）を守ることだけなのである。ある人々は過去の自分たちを否定することで「例外」である自分を主張しようとし、別の人々は「否定」の外部になんとか避難しようとする。身近な他人を貶めてはじめて得られる承認や、古くさい記憶をたどるだけの自己認識に、いったいどれだけの価値があるのだろうか。私見では、「欧米」という言葉が手がかりになる。一方では、在来の日本文化を口を極めて罵り、ありもしない「欧米」の理想世界をほめたたえ、ついでに「欧米」に通じている自分自身の優越も誇ろうとする。議論の様式は毎度同工異曲で、ヨーロッパやアメリカの知識人が書いた「理念」と、日々の新聞・雑誌記事に登場する日本社会の「現実」を比較して、「日本」を非難する。会社の不正経理や政治家の汚職事件があれば、すぐに「日本人」の悪口が始まる。この種の著者は事例が多すぎるので具体例など挙げる必要などないだろう。彼らにかかれば、「欧米人」は全員、責任感に満ちた「近代的個人」であるかのように見える。まさに倫理の教科書のような人物たちである。

ただし、その場合、人はなぜ社会に向かって「理念」を語るのかという問題は抜け落ちている。そもそも特定の社会に暮らす人間が「理念」に合致するのならば、理念について語る必要はない。人々が道徳的に高度な生活を送っているのならば、人は倫理について語ることはない。殺人が一度も起こらなかった社会では、おそらく殺人に対する罰則が定められていないのと同じである。ヨーロッパ近代の思想家たちが、「自立した個人」や「個人の責任」について飽きることなく語ったのは、そういう人物が少ないからである。もっと正確にいえば、実際に生きている人々の生態が、その種の思想家たちの理念に合致しないからである。あるいは、現実の人間を自分たちの理念に向かって改造しようとしたからである。この「改造」という言葉を、「啓蒙」と言い換えれば、さらに含意が多くなるだろうか。

他方では、勝ち誇る「欧米」の圧力に抗して「古き良き伝統」を守ろうとする人々がいた。「欧米」では、「自立した個人」や「個人の責任」が強調されるが、日本はその種の社会とは違うので、独自の原理で人々が暮らしているのだという主張である。いわゆる「日本文化論」や「日本人論」の主要命題がこれである。「欧米」の「個人」中心の文化に対し、日本は「集団」が主であり、「個人」の間の闘争によって彩られる「欧米」に対し、日本では、「和を以て貴しとなす」、つまり集団内、共同体内での「和」を大切にするのだといった話である。「戦後」に飽きることなく繰り返されたこの種の主張は、それを推奨する人々にとっては「古き良き伝統」であり、外国にない独自性とされ、非難する立場からは、日本社会が「封建的」であり、近代化の未熟さの根拠とされた。

興味をそそるのは、誇示するにせよ非難するにせよ、互いに議論が循環していることである。「集団指向」の「古き良き伝統」を誇る人々は、「自立した個人」からなる「西洋近代」を批判する意図で主張を繰り返す。反対に「自立した個人」からなる「西洋近代」を日本でも実現したい人々は、自説の根拠として日本古来の「集団指向」を指摘する。両者は相互依存しており、互いの論拠となっている。

その場合、問われないのは、ヨーロッパやアメリカの人々が本当に「自立した個人」ばかりなのかという問題であり、日本人がすべて「集団指向」なのかというという疑問である。さらにいえば、「日本人」の「集団指向」を口を極めてののしる日本人の論者については、自分自身がどうなのかという自己言及の問題もある。もちろん、「集団指向」を伝統的な独自性として誇る論者はこの点有利である。しかし、西洋においても「集団」や「共同体」に大きな価値を置く哲学がなかったわけではない。むしろ、古代ギリシアの哲学は集団としてのポリスに大きな意義を見いだしていた。このため、「集団志向」を「日本人」だけに固定しようとする人々は、西洋ではアリストテレスの時代から「ポリス的動物」と呼ばれてきた人間一般が、決して集団指向ではなかったことを論証しなければならない[12]。

この種のいろいろな困難を踏まえて、しかも「日本人」の独自性をほめたたえたり、特殊性を非難したりするというのは、いったい何なのだろうか。自分たちの独自性を主張するために他者を非難したり、貶めたりすること、あるいは反対に自虐的な態度で勝手に興奮することや、自己言及を排して自分だけは特別だとうぬぼれることにどれだけの意味があるのか。

私見では、両方とも、未来に向かって有意義なものを何一つ生み出さない点で共通している。他者を貶める態度と内向きの態度。そんなものに無関係な第三者が心動かされるはずなどないだろう。時が過ぎれば、誰も見向きもしないのではないか。まさに不毛さそのものである。

この種の議論をする人々と、和辻哲郎の間に違いがあるとするならば、哲学や思想は普遍的な問題を論じるべきであるという前提を共有しているか否かである。和辻は共有していたが、「戦後」の和辻論者の多くはそうではなかった。特殊な人々が自分たちは特殊だと主張する議論を、はたして他者が読みたいと思うだろうか。

和辻哲郎をどのような立場で読むにせよ、従来の不毛な立場による「援用」――過去の有名人の権威を自分の議論の補強に使うこと――ではなくて、この人物が必死に考えて生み出した遺産を生き返らせることこそが必要なのである。それは、先に論じたように、一九三〇年代の知的な水準に追いつくことであり、意味不明な二重基準や暴力を根拠とした人種差別を越えて考えることなのである。すでに六〇年続けられてきたこの種の議論が行き詰まっていることは、少し考えればわかることである。

議論を戻すと、和辻が行っていた事業は、特殊性や独自性よりも普遍性を志向するものであった。もちろん「日本に独自の概念」を使って世界哲学を変革しようという発想自体に自分自身の独自性へのこだわりを見いだすことは可能である。ここで論じてきた和辻哲郎の『人間の学としての倫理学』はその代表例であるといえる。長い歴史と経験において、人々はさまざまな知的な資産を獲得し、それらを生かすことで、より普遍的な問題に対応しようとする。対応への試みは多様な探求に結びつく。

和辻が選んだ方策は、当時の世界哲学が直面していた方法論上の難問を機会に、独自の展開を行うことであった。方法論上の難問とは、「個人」という出発点を問い直すことであり、その結果生じてくる諸問題にいかに対応するのかという課題でもあった。この課題を和辻は大著『倫理学』で集中的に論じることになるが、『人間の学としての倫理学』はそれに先行する「方法論的な序論」であり、しかも従来の議論を手短にまとめた総括にもなっているのである。そこに登場するのは、アリストテレスであり、カントであり、コーヘン、ヘーゲル、フォイエルバッハ、マルクスであって、同時代の哲学研究者ではない。それはアリストテレスやカントの研究を意図しているのではなくて、それらに並ぶ思索を行うという野心を暗示している。

和辻倫理学は、それが独自に考え抜かれているという点で、大きな価値をもっている。ここでいう独自に考え抜くというのは、自分以外の権威ある文献に依存することなくどこまでも考えていくということである。まったくの独力であるにせよ、何らかの手がかりを使うにせよ、思考の最終的な根拠を他者に依存しない思考である。私見では、これこそが「戦後」と呼ばれる日本にあってほとんど絶滅させられてしまった営みなのである。

自分で考えること。それは何らかの権威に依存しない営みである。権威に依存しないで考えることは、長年哲学を学んできた人ほど困難になる。過去には偉大な先人たちがおり、「根拠」としておびただしい議論を積み上げてきたからである。しかし、それらについてもさらに根拠を問うていくならば、別の事情に行きあたる。究極的には、自らの根拠は自分自身であり、自分自身を根拠としながら、他者にとっても意味のあることを考えなければならない。和辻哲郎が循環する思考によって作り出そうとした思想は、循環することそのものをもって根拠としようとした。

もちろんそれは危険を冒すことでもあった。自分が言っていることには外部に確固とした根拠があると考える思想（実証主義）が主導的な地位を維持していく中で、あえて循環する論理を打ち出すことは危険である。つまり、「倫理学とは何であるかという問いに答えて、それは倫理あるいは道徳に関する学である」（九頁）と答えることは、まさに「何も語っていないこと」に陥る危険を冒すことである。なぜなら、実証主義にとって循環論法は無意味でしかないからである。それは「根拠」がない思考であり、自分勝手な思い込みの類いでしかないからである。

ただし、和辻の倫理学は、すでに論じてきたように、あえて循環することによって意味を作り出していく仕事なのである。言い換えれば、倫理学自体の内部に根拠を求めることで倫理学を書いていくという仕事でもある。もっとも、ここでの関心は和辻の倫理学をさらに展開していくことでも、批判的に継承していくことでもなくて、社会理論の着想源として捉え直すことなのである。

5　倫理と社会の間

　ここでは先に、和辻哲郎の議論を引きながら、「倫理学」と同じく、社会学の命題――あるいは「理論」と呼ばれているもの――もまた究極的には同語反復や循環論による論証に依拠していると論じてきた。「倫理学は倫理についての学問」であるように、「社会学は社会についての学問」なのである。そんな視点から、たとえば、和辻の次のような議論を読むならば、どのような知見が得られるだろうか。

> しからば人間存在の学は人間存在をすべて観念的なるものの地盤たるとともにまた自然的なる有の地盤たるものとして把握しなくてはならない。かくのごとき存在において人間は、個として現われつつ全体を実現する。その個は主体的存在から抽離することによって肉体となり得るような、従って肉体に対する主観的自我となり得るような個であり、その全体はかくのごとき個の共同態として、その主体的存在から抽離するときに、客観的な形成物としての**社会**となり、従ってまた主観的自我の間の相互作用となり得るような全体である。が、主体的存在としてはそれはあくまでも実践的行為的であって、いまだ有でもなければ意識でもない。**このような存在は、個であることを通じて全となるという運動においてまさに存在なのであり、従ってかかる運動の生起する地盤は絶対空である。すなわち絶対的否定である。絶対的否定が己れを否定して個となりさらに個を否定して全体に還るという運動そのものが、人間の主体的な存在なのである。**ところで一切の人間共同態を可能な

らしめているものは、まさにこの運動にほかならない。それは一般に間柄を作るためのふるまい方として、行為的連関そのものを貫ぬいている。それがまさに倫理である。だから人間存在のなかにはすでに倫理があり、人間共同態のなかにはすでに倫理が実現せられている。（和辻哲郎、同書、四九―五〇頁、太字強調は犬飼）

かなり難解な表現は、和辻の多くの著作を見慣れた目にも特異な印象を与える。著者名を伏せられて読んだ読者の多くは、これが西田幾多郎の文章なのではないかと思うのではないだろうか。ここで何よりも印象的なのは「絶対空」であろう。西田哲学の有名な「絶対無」を、和辻が「絶対空」と呼んだということは、かなり初歩的な日本哲学史の知識だろう。[13] 通常の認識論ならば、「有（ある）」は「無（ない）」との対比で認識され、「無」は「有」との対比で認識されるにすぎない。「有（ある）」と「無（ない）」は、相互に補い合う概念であり、一方が欠けたならば、他方も成立しなくなる関係にある。

そのような相対的な「有」や「無」に対置して、西田幾多郎が考えたのが「絶対無」であった。人間社会をも含んだ万物がそこから出てくる究極が「絶対無」「絶対空」であり、それは静的な存在ではなくて、動的な動きの中にある。「無」や「空」は仏教に由来する概念である。ごく教科書的な説明をするならば、西田のいう「絶対無」とは、大乗仏教が考えてきた「空」の概念を近代哲学の形式で表現したものである。それは他者を必要としない形で実在する「無」である。「無」であり「空」であることは、そこに何ものをも入れることができる。存在しないことによって存在する存在である。それが西田幾多郎によってヨーロッパ哲学の伝統に統合された。和辻哲郎はそれを倫理学として展開していこうというわけである。当時の「世界哲学」との関連でいえば、ハイデッガーが「存在」（「有」）を手がかりに考えていたのに対し、西田や和辻が「無」や「空」を正面に掲げて思索しようとしたのは偶然ではない。

先の和辻からの引用に戻るならば、人は人間であり、人間が人である。人と人の間の関係は常に動いており、動いているからこそ、人間は「空」であり「無」である。しかし、「無」や「空」はそれ自体で存在できる実体ではない。そこに動きがあるからこそ存在できるのが「無」や「空」なのである。ごく素朴な次元から考え直すならば、それぞれの個人の間には、通常何もない空間が広がっている。何もないからこそ、両者は自由に何かをいうことができる。もしも、そこに特定の決まり文句が予定されているならば、自由な会話は成り立たない。決まり切った文句をそれぞれに並べて、それで終わりである。学校の教師が毎度決められた内容の授業を生徒たちに向かって行っている様子を思い浮かべるのが、最も手近な事例だろう。その極端な例は、ビデオ授業や放送授業である。この場合会話は完全に排除されている。あるいは、あらかじめ原稿を用意して読み上げる形の演説を考えてみればよい。重要な外交上の行事ならば、フロアからの質問まであらかじめ原稿が提出されている。それは儀式であって、会話ではない。

ただし、その種の儀礼的な発話行為はごく例外的な状況であって、通常に日常生活を送る人々は相手との関係によって話す言葉を変えていく。固定した人格が互いに自分の原理原則を並べ合うといった状況は、想像可能だが、現実的ではない。まさに「空」や「無」があるからこそ、人間には運動が生じ、人間の運動によって「一切の人間共同態」が生じてくる。

「個人」と「全体」の間にも、前記の運動が常に起こっており、「個人」は「絶対空」によって「全体」となり、「全体」は「絶対的否定」によって「個人」になる。「われ」は「われわれ」であり、「われわれ」は「われ」であるという、ヘーゲルが『精神現象学』で論じた相互承認論（「我々なる我、我なる我々」）を仏教用語で言い表わしたような境地が説明される。

ただし、ここで興味をそそるのは、和辻が「社会」を「主体的存在から抽離」した「客観的な形成物」と考えていることである。それは「個の共同態」なのだが、「個人」と「絶対空」の間の動的な関係は取り除かれている。「人間は、個として現われつつ全体を実現する」のだが、「全体」を示す「社会」はあくまでも主体から切り離された存在なのだというわけである(14)。

つまり、「社会」は客観的な対象として構想された概念であり、これに対して「倫理」は「個人」と「絶対空」の間の動的な関係をそのまま取り出そうとしているといいたいのである。もちろんそれは同時代の「社会学」と、和辻の「倫理学」を区別する意図に基づいていると考えることができる。つまり、社会学は客観的――あるいは静的――な対象としての「社会」を扱い、倫理学は人間の動態を主題とするといいたいのだろう。さらにいえば、社会学は実証主義に依拠する学問として静態を扱い、倫理学は現象学に依拠する学問として動態を扱うと、整理することもできるだろう。

そこで和辻が手がかりとするのが、西田哲学に由来する「無」や「空」といった概念である。「無」や「空」は、そこに何もないことによって何ものにもなりうる。「有」は「無」から生じる。それは仏教にとどまらず、たとえば老子のいう「天下の万物は有より生ず。有は無より生ず（天下萬物生於有有生於無）」（『老子』第四〇章）というのも共通の発想である。そこに「ある」ものを問うならば、「ある」ことが人々の関心を固定してしまう。固定されてしまうと、それ以外の問題を考えることが難しい。「ある」ということは、それ以外のものが「ない」と思われることであり、「ある」ことをたくさん集めてそれを入念に説明していくと、ますますそれ以外の可能性が見えなくなっていく。

社会の問題をめぐる会話について考えてみれば、非常に雄弁で博識な人物の語りは、その人物が何もかもを知り尽くしているかのような印象を与える。「この人が知らないことなど、この世には何もないのではないか」と思わせる人物はいつの時代にもいる。しかし、実際にはその種の人物は自分が知らないことや興味のないことは話さない。「何もかも」という印象を与えるのは、知識と関心の広がりが他人に比べてはるかに広いからである。

これに対して、終始無言でいる人物は、単なる無知であるように見えながら、その一方で何を考えているのかわからないという不気味さをも秘めていることもある。とりわけ地位や名声の高い人物が押し黙っている場合、不気味である。常人には考えつかないようなことを考えているのではないか。それは無限の可能性を秘めた沈黙であり、神秘という言葉が想起させる力強さをも含んでいる。現に、「東洋」（インド以東のアジア世界）では伝統的に「無」や「空」に大きな意義を見いだしてきた。雄弁は無知や弱さの表現であり、本当に知っている人や最も強い人物は、沈黙しているものなのだといった思想である。沈黙はそれ自体として雄弁な表現でありえるわけである。

個人的な印象を記すならば、「有」で満たされたヨーロッパ思想を学んでいても、時折「無」や「空」の世界がそこここに顔を出すような気持ちになることがある。それはあくまでも「気持ち」であって、これを概念化することは難しい。しかし、日常生活のいろいろな局面に、ぽっかりと口を開けた「無」や「空」に直面させられることもある。それは雄弁に語る人々の言葉に覆い隠された「他の言葉」であり、熟達した話術が作り出す絶妙の「間（ま）」であり、大音響で鳴り響く音楽が終わった後の、何物にも代えがたい静寂である。東洋の絵画についてしばしばいわれるように、何も描かれていない余白は無限の表現を伴っている。余白の部分に力があるからこそ、描かれている画像に生気が与えられる。このように考えてくるならば、「東洋」に限らず、あらゆる芸術表現には「無」や「空」が介在しているのではないかとすら思われてくる。絵画も音楽も、「間」がなければ、まさに「間抜け」な表現でしかないからである。

芸術表現が実現している世界を理論化する際に、西田幾多郎や和辻哲郎、そしてハイデッガーのような現象学の系譜に属する思想家の方法が強みを発揮することは確かである。そもそも芸術は「実在」としては捉えられない。そこにあるのは、油絵の場合、麻布に塗りつけられた顔料（化学的組成が決まった化合物）入りの樹脂であり、音楽に至ってはただの空気の振動である。顔料や樹脂の性質をどれだけ調べても、音響をどれだけ分類しても、絵画や音楽にはたどりつくことができない。実証主義の方法では説明不可能なのが芸術なのである。

単なる顔料や樹脂、そして空気の振動が、なぜか時折人々を感動させる。しかも、すべての場合そうであるというわけでもない。しばしばそこには特定の人格が介在し、ある種の人々の描く絵画や演奏する音楽ばかりが多くの人々に訴えかけることができる。逆にいえば、それが難しい人物には、やはり難しい。芸術は、突き詰めればそこに芸術があるとしかいいようがないものなのである。根拠付けようとすれば、陳腐化が待っている。芸術を何らかの形で根拠付けようとして、仮にそれに説得力があれば、多くの人々がその「根拠」に向かって行動するからである。誰もが同じことをすれば、二番煎じ、三番煎じ、どうしても陳腐化してしまう。当たり前といえば、当たり前である。

そこで、現象学は、現象に根拠付けを与える習慣を停止する。そして、そこにある体験や直感を意識化し、何とかして言語化しようとする。根拠など不明でも、演奏会場で多くの人々が感動している。特定の絵を何度でも見たいという人がいる。現象学の流れを受けた人々が熱心に取り組むのが、この種の「直接経験」である。

和辻が、社会学は実証主義に依拠する学問として静態を、倫理学は現象学に依拠する学問として動態を扱うと主張するとき、社会学は確かに一つの選択を迫られる。それは、二〇世紀の多くの社会理論家たちが選んだような実証主義の道をたどるのか、それとも別の道に向かうのかという選択である。もちろん、和辻が選んだように現象学の立場をとるならば、社会学は和辻の倫理学と同じようなものになる可能性がある。

ここで、あえて和辻倫理学と同じ方法を社会学に導入するという思考実験を行うことは、社会学の方法論や理論をめぐる考察として、決して無意味ではないだろう。「無」や「空」といった問題を社会学に取り入れるならばどうなるだろうか。ここで若干の飛躍を覚悟していえば、特定のモノを膨大に生み出して生活全般をモノで満たしてきた現代社会は、「空間」や「余白」がなかなか入り込めない社会であるともいえる。膨大に蓄積されたモノの世界は、それぞれが意味を担っており、人々を逃さない。人々は膨大なモノの蓄積によって、思考の自由を制限されてしまう。

「無」や「空」がない状況は、自由な思考を制限する一方で、出来合いの言葉が支配する状況でもある。自由な会話が禁じられると、特定の決まり切った言葉を繰り返すだけの思考をもたらされる。いうならば、すべてが学校のような社会である。先生がいうことをそのまま繰り返す生徒ばかりからなる社会。あるいは、それが理想として要求される社会である。既存の決まり文句の存在（有）を前提として成り立っている社会と言い換えることもできるだろう。あるいは、不変の部品で組み立てられた精密機械のような社会とも考えることができる。機械はそれを構成する部品が不変でなければ故障してしまう。いつまでも不変の部品が果てしなく精密に組み上げられた機械としての社会。特定の機能をもった機械の性能ばかりが問われる社会である。そんなものが果たしてありえるのかという問いや、そんな社会がありえたとしても、そこに暮らす人間ははたして幸せなのか、という問いは傍らに押しやられてしまう。

和辻が日本の思想的な資源を用いて世界哲学に新たな立場を打ち立てようとしたのが、まさにこの点である。人間にある「無」や「空」の意義を強調することによって、「有（存在）」に終始するヨーロッパ哲学の偏向を矯正しようとする。

考えてみれば、客観的な実在を根拠とする実証主義には、特定の理論的帰結以外の可能性を排除する傾向がある。元来、実証的な手続きによって検証された「法則」は、例外を許さない。そこに何らかの例外があるならば、それは社会システムに対する違反事例、あるいはノイズであり、違反やノイズは除去されなければならない。そして、実証主義の予定調和的な「社会」や「システム」が回復される。いうならば「よくできた社会」である。複雑に組織化された社会のそれぞれの領域には専門的な訓練を受けた最適な人材が配置されており、最新の技術による最良の道具が用いられ、責任感に満ちた誰もが万全に能力発揮し、そしてすべてが滞りなく機能する。まさに精密機械のような社会である。この種の説明だけを読んでいるならば、社会の問題のほとんどすべては、現場の事故や手違い、あるいはごく少数の逸脱者による反社会的行為、自然災害による一時的な機能停止でしかないように思われる。

それでは社会は本当に複雑に組み立てられた精密機械なのだろうか。もちろん、まさにこれこそが問い直されるべき対象であろう。哲学史や科学史の観点からいうならば、現象学の系譜に属する議論は、一九世紀の後半の科学観である機械論や機械論と一体になった実証主義（法則主義）への批判として登場してきた。議論を「社会」という概念に絞るならば、実証主義は社会を精密な機械として捉え、機械の仕組みを可能にしている自然法則と同じような法則が社会にも当てはまると考える。これに対して、現象学の立場は、「社会」を構成する人々がそれぞれに感じとっている意味付けに関心をもつ。社会は機械ではなく、あくまでも人々のあいだに生じている現実感であり、人々が多様である以上、各々の社会も無限に多様であり、法則など成り立たないと考える。さらにいえば、現象学の系譜に属する人々にとって社会とは、法則化できる静的な存在ではなくて、それを構成する人々が日々相互に刻々作り出していく動的な過程なのである。言い換えれば、社会に外的な根拠はなく、それ自身が自己産出を行っている過程なのである。

6　弁証法という修辞法

ミュンヒハウゼンのトリレンマという哲学問題がある。ドイツの哲学者ハンス・アルバートが提起した問題で、それによれば、近代の認識論の根幹をなす「根拠付け主義」を突き詰めていくと、どれも容認しがたい三つのやり方で説明するほかはない。どれも究極の根拠付けとはならない。その三つのやり方とは、①無限背進、②権威による説明、③循環論である。通常の科学の根拠は、「根拠付け主義」に依拠している。人間が直面するあらゆる現象にはそれぞれ原因があり、原因を究極的に（完全に）根拠付けることができると考える。

しかし、「地球は太陽の周りを公転している」という命題ですら、究極的に根拠付けることはできない。可能なのは、知りうる限りの過去において地球が太陽の周りを公転してきたという事実だけである。現に、「なぜ地球は太陽の周りを公転するのか」という疑問を立てた途端に、根拠付けの問題に直面する。確かに今まであらゆる過去の科学者が観測した中では地球は太陽の周りを回っているが、未来においてそうである根拠はあるのか。根拠があるとすればどのような原理でそうなのか。こうしてニュートン物理学の有名な議論（万有引力）が登場することになるが、それを完全に根拠付ける説明はいまだに与えられていない。賢明な人々が何らかの説明を考え出したとしても、さらにその根拠を求めれば仮説の領域に入り、その種の仮説に根拠を求めれば仮説の仮説が登場することになる。さらに仮説の仮説の根拠を求めれば、多くの賢明な人々は行き詰まってしまうだろう。これが無限背進である。

この種の無限背進を停止させようとする方策を考えると、自分たちとは別の上位の存在者を想定する場合がある。偉大なニュートンがそういったからそうなのだ、というわけで根拠付けは「偉大なニュートン」に一任される。権威ある人物が保障するのだから正しいのだという理解である。もちろん、この種の権威主義的な説明は、近代の科学精神と相容れないものである。「聖書にこう書いてあるから」、「偉大な……がそう言ったから」という形の根拠付けを排除することで、近代科学は出発しているからである。

三つ目の循環論こそがここでの議論にとって最も重要である。同じ例を用いれば、「地球は太陽の周りを公転している」という命題を説明するのは、ニュートン以来の「万有引力」なのだが、ニュートンの議論を根拠付けるのは、いくつかの過程を経て、やはり「地球は太陽の周りを公転している」という事実なのである。循環論による根拠付けでは、もちろん根拠付けたことにはならない。しかし、人間が現実の生活を送っている世界にはその種の「根拠」があふれている。もちろんの「人間」の問題を主題とする学問の場合はなおさらである。

ここでは和辻哲郎の議論を読みながら、同語反復や循環論による根拠付けという問題について論じてきた。先に述べたように「社会」という概念は同語反復や循環論でしか根拠付けできない。さらにいえば、「社会」という概念ほど、「根拠付け主義」にとって不都合な対象はない。現に、「社会」についてどのような定義を行おうとも、定義を構成している概念の根拠を問うならば、やはり同じところに戻ってしまう。そして、社会学もまたそんな「社会」を論じる学問である。循環論法による根拠付けは、社会学をはじめとして、人文・社会科学の根幹を成しているといわなければならない。このことを和辻哲郎は「倫理学」をめぐって見事に例示してくれた。

繰り返しになるが、同語反復や循環論を、それ自体をもって拒否するならば、和辻の議論は無意味である。なにやら意味ありそうな難しい言葉と、込み入った論理が登場するばかりで、何らかの重要な命題を仮説として提示しているわけでも、仮説を論証したり、反証したりしているわけでもない。たとえば、「倫理学とは倫理学自身が与えるものである」(「倫理学についていかなる定義を与えようとも、それは、問いを問いとして示すにすぎない。答えは結局倫理学自身によって与えられるほかはないのである」(九頁))という命題は、この意味で典型である。

ただし、人文・社会科学はこの種の仮説論証型の科学とは異なった原理で成り立っている。私見では、このことを安易に否定してあたかも仮説検証型の科学(自然科学の主要部分)であるかのように議論を進めることの方が、はじめから意識して議論することよりも間違いを引き起こしやすい。循環論的にしか根拠付けられない概念を組み合わせることによって、あたかも仮説検証型の科学であるかのように、著者と読者の双方が思い込んでしまうからである。むしろ、同語反復や循環論が行われる際の「手際」のようなものをはっきりと意識して思考することの方が、多くの成果をあげうるように思われるのである。

この点で、和辻は見事な事例を提供してくれる。

……人間とは「世の中」自身であるとともにまた世の中における「人」である。従って「人間」は単なる人でもなければまた単なる社会でもない。「人間」においてはこの両者は弁証法的に統一せられている。かかる「人間」の概念を我々は明白にanthropos, homo, Menschなどから区別して用いるのである。MenschとGemeinschaftとを何らか別個のものとして考えるということは、我々の「人間」の概念においては許されない。だから我々の「人間」の学は決してAnthropologieではない。アントロポロギーは厳密に「人」の学である。共同態から抽象した「人」を肉と霊との二方面から考察するのがそもそもアントロポロギーの初めであり、従って身体論と精神論とがその課題の全部であった。……（和辻哲郎、同書、二八頁）

「人間」は単なる人でもなければまた単なる社会（世の中）でもない。「人」と「社会」は「人間」において統合され、「人」でありつつ「社会」でもある概念なのだというわけである。

社会学の立場からいえば、和辻が「『人間』は単なる人でもなければまた単なる社会でもない」と書く場合、「単なる社会」というのが一体何なのかを問わなければならない。社会学理論にとっては、この概念はどうしてもやり過ごすことができないからである。そもそも社会学理論の最重要課題の一つは、「社会」という概念を明らかにすることである。先に検討してきたように、和辻は「社会」を、「主体的存在から抽離」した「客観的な形成物」であると考えている。ここでさらに追加していえば、「人間」から動態（運動）を取り去ったのが「社会」（「世の中」）であり、「人」なのである。そして、「社会」

（「世の中」）と「人」を「人間」へと合体させる動態（運動）を、この人は「弁証法」と呼ぶ。

長らくこの「弁証法」というのが理解困難で悩んできたことを正直にここで書いておく。いろいろな領域の著者がこの言葉を使うのだが、それぞれに意味がまちまちで、一定しない。そもそも「弁証法」とは何なのかと問えば、専門とする人々の説明では、「対話の論理」とされる。起源は古代ギリシア哲学にさかのぼるという。

「テーゼ」と「アンチテーゼ」が対立して、「ジンテーゼ」に帰結する。特定の意見とそれに反対する意見が話し合い、第三の意見に総合されるのだという。そう言われれば、その時は納得するのだが、やはり疑問は湧いてくる。それならば、意見対立と話し合いの帰結は常に同一なのか。そんなはずはない。そもそも話し合った帰結が常に同一ならば、話し合う必要などないだろう。結果がわからないから人は他の人と話し合うのである。つまり対話する相手と一緒に決定する自由を「弁証法」は意味するはずである。

しかし、多くの論者が掲げる「弁証法」は、そうではなくて、最初から特定の意見を前提として組み立てられているようにみえる。多くの人々は、話し合う前から、すでにあらかじめ結論がわかっているかのように議論する。まえもって自分で下している結論に向かって、いろいろな根拠を集めているだけのように思われるのである。(15)

哲学史上には不思議な言葉があって、大思想家と呼ばれる人々もそれを愛用することがある。「弁証法」もその一例で、ある種の人々は本当にこの言葉が好きで、自分の議論の決め手に当たる部分で使う。

ただし、この言葉は多くの場合個人所有で、異なった意見の人々には説得力がない。つまり、特定の個人の考えに賛成できる人でなければ受け入れることができない。さらにいえば、「弁証法」はすべてを受け入れるか、それともすべてを拒絶するのかの二者択一を迫る言葉である。受け入れるならば、「弁証法」を構成するすべての命題はどれも意味深く、どれもがさらに展開していく弁証法を暗示している。これに対して、拒絶する立場からすれば、なにもかもを自分の都合のよい論理に勝手に取り込んでしまう魔法の言葉である。

両者の間の対立はほとんど解決不可能で、「弁証法」はしばしば対立する相手に対して討論停止を宣告する言葉ともいえる。しかし、このことをもって「弁証法」のすべてを否定するのは勇み足というものである。ひどく教科書的な説明に戻ってしまうが、弁証法は元来、動的な過程であって、何らかの命題を論証する論理ではないとされる。理由は簡単で、弁証法的な過程が働いていると指摘するとき、論者自身にも結果はわからないからである。「弁証法」という言葉を愛用する人々は、しばしば「予想外の結果」という言い方も愛用するが、ようするに「わからない」と言っているのである。ところが世の中にはわからないことを正直に「わからない」と明言する人よりも、よくわからない言葉を用いてよくわからないことを書く人の方が多い。そして、よくわからない言葉の代表もまた「弁証法」なのである。

確かに、ヘーゲルや西田幾多郎や和辻哲郎が抽象的な認識論の次元で弁証法について語るとき、そこには動的な過程が見事に表現される。たとえばヘーゲルが『精神現象学』の序論で挙げたつぼみと花と実のたとえは、互いに異なった形をとっていく生命の過程を表現するものとして見事である。つぼみは花によって否定され、花は実によって否定される[16]。西田が「絶対無」と呼び和辻が「絶対空」と呼んだのも、高度に弁証法的な過程を意識している。存在は「無」によって否定され、「無」は存在によって否定されるのだが、単なる存在でも単なる無でもない「絶対無」こそが通常の存在論を越えた究極の存在なのだということになる。同じく個人は社会によって否定され、社会は個人によって否定されることで、「絶対空」の場、すなわち単なる「社会」でも「個人」でもない「人間」に到達するというわけである。

ヘーゲルが自分の哲学を「自由」という言葉で語ったのは、皮肉ではなくて「自由」が実現する可能性を探究したからである。そこでヘーゲルが行き着いたのが、弁証法であった。いまある自分自身を常に打ち壊し、新たな可能性を求める自由、既存の権威が失墜し新たな秩序が生まれてくる自由。常に動いていることによってのみ人間の自由が確保されると考えたからである。それは、自らの存在を越えて飽くなき探求をやめない「ファウスト」の精神であり、ヘーゲルの時代のドイツ・ロマン主義が熱中した共通テーマであるともいえる。それが二〇世紀に至ると、「ドイツ精神」を掲げる人々に受け継がれる。もちろん、西田幾多郎や和辻哲郎にも共通性はある。西田や和辻の時代は、「日本精神」や「日本浪漫派」が活躍した時期とも重なるからである。

ただし、ヘーゲルにしても、西田や和辻にしても、「弁証法」には、やはり魔法の言葉という性質があるのは否定できない。非日常的な用語法による表現はあるにせよ、結局、既知の現象を遡及して説明しているか、あるいは「わからないことはわからない」としか言っていないのである。つぼみが花になり、花が実になるとヘーゲルが発見するのは、それが特定の植物の生態であるということを、ヘーゲルが知っているからである。「絶対無」や「絶対空」といった日本語の語感として日常離れした用語も同じである。最初にその種の思想の伝統（仏教思想）があり、融通無碍なこれらの概念によって論点先取しておいて、ヨーロッパ近代由来の「個人」と「社会」の対立を事後的に説明している。もちろん、結論は「絶対無」や「絶対空」に行き着く。この種の議論は、煎じ詰めれば、西田や和辻が主張することをそのまま受け入れるか、あるいは拒否するしかない。「絶対無」の根拠は「絶対無」であり、「絶対空」も同様である。

ただし、ここでの関心は、すでに長年続けられてきた「弁証法」に対する批判を書き継ぐことではない。[17]むしろ、この種の論者が続けてきたことを別の視点から捉え直すことである。

たとえば、視点を変えて、ここで論じてきた循環論や自己言及論の観点から「弁証法」を捉え直すとどうだろうか。すると、「弁証法」と呼ばれてきたものは、論理というよりも修辞法（レトリック）なのだということが見えてくる。つまり、特定の命題を論証するのではなくて、命題そのものを表現するための修辞なのである。たとえば、「複雑な社会のことはわからない」という代わりに、「社会は弁証法的に展開する」というならば、「わからない」という表現を避けることができる。また、あたかも「社会」というのが独立した主人公であるかのように思われ、主人公が未知の将来に向かって歩んでいくような印象を与えることができる。さらにいえば、「弁証法」を介して、特定の著者にだけは「社会」の本質が把握できているかのような印象を与えることができる。[18]

もちろんこれこそが、「弁証法」という言葉を濫用する人々に対する不信感の原因でもある。特に、自分にはわからないことを「わからない」と正直に明言することに意義を感じる立場にとっては、この種の自分勝手な万能感は憤りの対象となる。個人的な考えをここで付け加えれば、この「弁証法」という言葉を括弧に入れないで使うことは避けるべきであると考えている。修辞法として使う場合にも、誤解を与える可能性が大きすぎるからである。

むしろ実り多いのは、「弁証法」の流れを汲む著者たちが議論してきた内容を、循環論の枠組みで再度論じ直すことである。私の考えでは「弁証法」を掲げたヘーゲルの後続者たちは、結局、循環論的にしか説明できないことを、あたかも何らかの実証的な論理によって立証できるかのように書くことで、読者を混乱させてきた。それらは哲学内部の高度に修辞的（レトリカル）な仕事であって、決して何らかの「真実」を哲学の外部に発見していることではない。彼らは、まるで新しい彗星を発見した天文学者のように語りたがるが、実際には新しい語りを考え出しているにすぎない。

もちろん、すでに論じてきたように、循環論法の介在を指摘することで『弁証法』の意義を全否定する必要はない。むしろ、「弁証法」という言葉を掲げる多くの人々が、修辞の力を借りて議論を循環させ、同語反復させてきた中に、独自の意義を見いだしたいのである。仮に、彼らがこれらの修辞の作用で、あたかも新たな真実を発見したかのような幻想にとらわれていたとしても、幻想がすべて無意味であるとはいえない。それが共同の幻想であったとしても、幻想を生み出す循環過程には、それ自体として意味があるにちがいないと考えるのである。[19]

ここでは和辻哲郎の『人間の学としての倫理学』に、社会理論の手がかりを求めてきた。もちろんこれは理論的な探究であって、和辻倫理学の「深い理解」を意図しているわけではない。和辻の「真意」を見つけ出すといった関心があるわけでもない。その過程では、当然、使えない道具にも突き当たる。端的に言えば、ある種の哲学者がしばしば熱心に探求する超越論的な概念や形而上学的な実在というのは、社会理論にとっては無意味である。たとえば、「社会とは無数の個人の間の対立によって弁証法的に生成した全体である」という命題は、哲学的な感動をもたらすかもしれないが、社会理論としては何も言っていない。そもそも、「無数の個人の間の対立によって弁証法的に生成した全体」というのは、「社会」という言葉に対してごく常識的に思い浮かぶ定義だからである。

むしろ重要なのは、この種の循環論法を、まさに循環として主題化することである。つまり、循環的に成り立っている超越論的な概念や形而上学的な実在が、それ自体を根拠として説明される有様を論じることである。もちろん、「社会」というのも例外ではない。それは特定の形の「社会」が循環論的に、そして自己言及的に成立していく過程に注意を払うことなのである。

7　社会の修辞法《レトリック》

修辞法（レトリック）の問題は二つの側面から捉えることができる。一つは主張を読者に的確に伝えるための用いられる技術としての側面であり、もう一つは文章表現の技術によって読者の理解を歪める詐術としての側面である。[20] 前者はしばしば政治演説（雄弁術）や宗教の布教活動や教育学で尊重され、後者は批判的な論調（虚構の暴露）に登場する。一方は肯定的で、他方は否定的。ただし、否定的な方の理解について付け加えるならば、この種の批判をする人々は、言語表現がなんらかの形で「より正しい真実」を表現しうると信じていることである。言い換えれば、言語は真実を映す鏡であると考えている。さらにいえば、自分はその種の詐術を用いないで真実を語っているということも暗示される。

ただし、この種の信念は現代の哲学や科学論では旗色が悪い。言語表現が真実の模写であるという考えには客観的な根拠付けが不可能だからである。ここに、実証主義の下で展開してきた「科学」と、実証主義に対する批判から出発して展開してきた哲学や「科学論」の対立点がある。社会学の歴史でいえば、オーギュスト・コントやハーバート・スペンサーに代表される一九世紀は実証主義の全盛期であった。デカルト以来の自然科学が大きな成功を収める中で、人文・社会科学にも同じ方法を当てはめるならば今までにない成果を得られるのではないかというのがその考えである。コントの「総合社会学」やスペンサーの「社会進化論」は、特定の法則によって人間社会のあらゆる問題を明らかにすることを意図した。

ただし、この種の事業は、単純な法則によってあらゆる複雑な社会問題を解明しようとした点で、またその種の解明を行う研究者自身の問題を放置するという点で、困難に突き当たる。多種多様な人々の行動を単純な法則で解明できるのか。その種の研究をする研究者は研究されている社会生活から完全に切り離されているのか。「社会」における法則とは何なのか、「科学者（研究者）」はいったいどこにいるのか。

このように問うてくると、人文・社会科学が、より複雑な問題を取り扱っており、しかも研究者自身も人であり、社会生活を送っているという意味で、不可避に自己言及の問題に直面することが見えてくる。自分自身はどうなのか。さらにいえば、あたかも自分は無関係で、「神の視点」に立って地上を眺めているように研究するというのはどういうことなのか。他方で、人文・社会科学が究明する「事実」や事実に基づく「論証」というのは何なのかという問題にもつながってくる。

人文・社会科学にあっても、特定の事実を明らかにし、それによって何らかの命題を論証することはできる。たとえば、メキシコの地にあったアステカ帝国が一六世紀に滅亡したのは、スペイン人による侵略が原因である。一九七三年に起こった「オイル・ショック」の原因は、第四次中東戦争（一九七三年一〇月）に際して、石油輸出国機構加盟のペルシャ湾岸六カ国が原油輸出価格を大幅に値上げしたことである。二〇〇八年九月の「リーマン・ショック」についても「原因」を「事実」によって究明することはできる。もちろん、さらに多くの事実を追加して、もっと込み入った説明をすることもできる。

しかし、これらの事実が、有意味であり、研究するに値すると思われる原因は、自然科学とはまったく別物である。しかも、現在の社会の状況によって「事実」についての評価や解釈は変わる。アステカ帝国の征服者エルナン・コルテス（一四八五－一五四七）はスペインでは代表的な英雄であり、二〇〇二年に欧州統一通貨ユーロが導入されるまで千ペセタ紙幣に肖像が描かれていた。しかし、この人物についての一般的な評価は、今日ではあまり好意的ではない。「リーマン・ショック」を引き起こした「高度な金融工学」についての評価は、「ショック」を前後してずいぶんと変化した。人文・社会科学の歴史を観察していると、この種の変化がしばしば起こる。

しかも、人文・社会科学にあっては無限にある個々の事実よりも、評価や解釈の方が重要であり、評価や解釈は事実そのものではなくて、あくまでもそれらを論じる人々に依存する。事実そのものは過去にも現在にも多く存在していても、特定の事実に意味付けを行い、多くの人々が「重要な問題」として取り上げなければ忘れられているか、あるいは「知る人ぞ知る」という状態のままなのである。

そんな人文・社会科学にあって、特定の「重要な問題」について「語ること」そのものがもつ意義は、何度強調してもしすぎることはない。「語ること」は特定の問題についてどういう姿勢で取り組んでいるかをそのまま表現することであり、読者に対してどのような印象を与えるのかを意図することであり、また特定の形で表現することによって著者自身もそのように考えることでもある。文章を書く仕事をしているとしばしば実感することだが、特定の問題について通常の型にはまった書き方をすると、無意識のうちに自分自身もそのように考えるようになっている。

コルテスの例を続けるならば、この人物をスペインとキリスト教世界の「英雄」について語る書き方で論じる場合と、「文明の破壊者」「虐殺者」（ようするに「犯罪者」）について語る書き方をする場合ではまったく異なってくる。それらにはそれぞれに語り方の様式があり、同一の人物の同一の行為について、種々の語りがあり、それぞれの語りの間の関係の方が、事実よりも重要なことがある。コルテス以外の歴史上の人物についても、特定の行為を「テロ」や「犯罪」として語ることもできれば、「快挙」として賞賛することもできる。

ただし、本書の意図は「コルテス」や「オイル・ショック」「リーマン・ショック」のような人物や事件について何らかの解釈を新たに提示することではなくて、それらが語られる場合の「様式」を問うことにある。同じ事実でも、それを語る語り方によって、印象がまったく異なってしまうからである。特定の型の語りは、それに合った事実を選択させる。「英雄」としての語りは、それにふさわしい事実を求め、「犯罪者」としての語りもまたそれに応じた事実を求める。

「語り」への注目は、二〇世紀の哲学の展開の中枢を占める。「言語」に注目した二〇世紀の哲学は、言語によって表現されてきた従来の哲学、そして学問全般を問い直すようになる。そこでまず否定されたのが、「言語模写説」（特定の言葉は特定の客観的内容を指し示しているという考え方）であった。特定の事実や現象を、言語は写し取ることができるというのがこの考えである。この場合、前提とされているのは、特定の人物（研究者）がこれまた特定の対象を一方的に、しかも客観的に記述できるという考えである。研究者は無私の立場で対象に対面しており、自分の利害とは関係なく研究するのだというわけである。「言語模写説」を否定した二〇世紀初頭のさまざまな人々が行き着いたのが、人々が相互関係の中で現実感を作り出しているという考え方である。「意味」や「解釈」といった問題を掲げて作り出される現実感を、何とかしてつかまえようと努力してきた。もちろんその代表者の一人が和辻哲郎なのである。

言語表現は、むしろそれ自体が自立した秩序を作り出している。客観的に存在する事実を言語が描写するというよりも、人々が用いる言語や言語表現によって「現実感」がもたらされていると考えられるようになってきた。事実自体が意義をもっているのではなくて、事実について伝える手段（メディア）や手法が選び出された事実によって現実感を作り出している。メディアが特定の手法によって特定の現象を強調したならば、「偉大な芸術家」や「大思想家」が登場する。そこではその種の現象そのものが作り出されており、実際に存在する「芸術」や「思想」は二次的な問題ということになってしまうことがある。ともかくも、生み出された現実感を共有する大勢の人々が熱狂的に支持するならば、それが「現実」ということになる。

もちろん、その種の「現実」が時間の経過とともに問い直され、つまらないものとなり、否定され、忘れ去られていくのは毎度経験されることではある。「にせもの」は偽物であり、宣伝にのせられて多くの人々がほめたたえていた作品や人物もやがて消えていく。現代は、その周期が短くなり、めまぐるしく移り変わっていく現実感の社会である。少し前まで偉大な業績であるとされた学問や思想が、後になると陳腐で愚かな決まり文句の羅列にすぎないように思われるようになる。先に論じた「メディア知識人」がその代表者たちである[21]。

しかし、短期間にせよ多くの人々が「現実」であると考えた事柄には、それ自体として意義がある。たとえ一時期にせよ、多くの人々を夢中にさせ、熱心に従わせていたある種の表現はいったいどうやって成り立っているのか。どういう方法を用いて無数の人々を説得してきたのか。そのための手段こそが、修辞法（レトリック）なのである。修辞法は特定の著者が現実感を読者の前に提供するための手立てである。現実感を作り出し、それを広め、多くの人々を説得することが重要ならば、そのための手段である修辞法こそは決定的な意義をもつともいえる。

とりわけ「倫理」という問題は、それが人間社会の規範や価値につながっているだけに、現実感が重要になってくる。人々が特定の価値を受け入れ、それを信じることで社会の規範が成り立っているとするならば、人々にそうさせる手続きは決定的な意味をもつからである。意地悪な言い方をすれば、仮に「現実感」を自在に作り出し、自由に操ることに成功したならば、それを利用して大きな影響力を行使することができる。特定の利益や立場に沿って多くの人々を行動させる。このように論じてくると、「暗示」や「誘導」、さらには「洗脳」「マインドコントロール」といったおどろおどろしい語感を伴う言葉が連想される。現に二〇世紀の歴史に悪名を残す独裁者たちは、そろって当代一流の「倫理」の供給者でもあった。

もちろんこの種の連想は一面的であって、「教育」や「啓発」「指導」、あるいは「能力開発」という言葉に言い換えれば、また別様の「現実感」に結びつけることもできる。確かに、「教育」と「洗脳」

は同一の問題の別々の側面であるといえる。[22] それは、特定の人間が他の人間に特定の知識や思考方法、価値観を身につけさせることそのものの功罪両面である。

ただし、通常の場合「倫理学」は功罪両面あるうちの当然「功」の部分を選び出していこうとする。するど、そこで登場する現実感は通常と異なっているのではないだろうか。もちろんこの点は、いろいろな現象の功罪両面、多面性を問うことを志向する社会学とは違うといわなければならない。言い換えれば、社会学は特定の現実感の多面性を見ようとするのに対し、通常の倫理学は現実感に規範性を求めようとする。倫理学はあえて一面的であることによって、「人間」に作用を及ぼそうとするのである。

ここでは、和辻哲郎の『人間の学としての倫理学』を素材にして、社会学の視点から和辻の倫理学が人間に問う「社会」を考えてきた。その過程で何度も実感するのは、和辻の修辞法が作り出している現実感の見事さである。和辻は、和辻の著作を読む人は、そこで生み出されている現実感を共有し、そこから和辻は人間社会に実在する原理（倫理）を発見するのではなく、人間社会に自分の実感する、あるいは自分の考える倫理を作り出そうとしているのではないだろうか。言い換えると、そこに最初からある原理を「倫理」として発見するのではなくて、和辻自身が望ましいと思う問いを「倫理学」として新しく作り出していくのである。

このように考えてくると、たとえば次の一文はかなり意味深いものとして読むことができる。

倫理学とは「倫理とは何であるか」と問うことである。そうしてこの「問うこと」は、一般的に言って、人間の一つの行為的な存在の仕方である。しかるに我々は倫理学が人間存在の学にほかならぬことを見て来た。しからば倫理学は、倫理とは何であるかと問うことにおいて、すでにそれ自身人間の存在であり、従って「問われていること」になる。ここに倫理学の方法を規定する第一の点があると思う。（和辻哲郎、同書、一八一頁）

問うことによって人は問う存在となる、と同時に、問われている存在となる。倫理を問うことで倫理を問う人になる、と同時に倫理を問われる人ともなる。そして、倫理を問い倫理が問われる場こそが、「人間」ということになるのだろう。まさに「弁証法」的な論理を多用する難解な言い方ではある。ただし、「弁証法」の修辞から離れて考えると、結局、「倫理学とは倫理を問うことそのもの」という最初の一文に回帰する。言い換えれば、倫理はそれを問うている人自身なのだということになる。

煎じ詰めれば、ここで「倫理学」を問うているのは和辻哲郎その人であり、当人が「倫理」を問うことでそれを作り出しているのである。つまり「和辻の倫理学とは和辻が倫理とは何であるかと問うこと」なのである。

8　倫理を作り出す

それでは「倫理を作り出す」ということはどういうことなのか。この問題に答えるのに参考になるのは、社会学や心理学、人類学といった分野が二〇世紀の後半に展開した社会構成主義（社会構築主義、social construction/social constructionism）の考え方である。

社会構成主義の基本的な考え方は、何らかの問題について語ることは、同時にその問題を作り出しているということである。広くいえば、「社会」について語ることによって、「社会」が作り出されており、大勢の人が盛んに語ればその問題は重要になっていく。社会構成主義の起源をヘーゲルにたどる人がいるのは自然で、西田幾多郎や和辻哲郎にも深く関係する現象学（たとえば現象学的社会学）や解釈学、知識社会学などの議論を経て、心理学や人類学、さらには行動経済学といった領域とも呼応しながら今日に至っている。

ただし、しばしば「作られた……」という言い方で人目を引く社会構成主義の議論には、一つの戒めが必要である。それは、この「社会的構成 social construction」という概念が包括的な概念であり、しかも自己言及的な性質をもっているということである。しばしば目にする「作られた……」論は、論者が論難したいと考える対象をそう呼び、それに対比して「元来の……」「真実の……」といった形で自分の信じる立場を語る。つまり他人は「作られたもの」であり、自分は真実なのだという形で、自分勝手に枠組みを設定してしまう議論が多い。しかし、本来、社会構成主義（社会的構成）自体も含めて社会科学が取り扱う概念はすべて「作られ」ているのである。このため「作られ」ていることをもって、だから虚偽であるという議論や、特定の勢力による情報操作やイデオロギーであるという議論には結びつかない。

その種の議論をする人々は、自分自身が長年信じている立場自体も「作られている」という事実を肝に銘じるべきなのである。相手も「作られている」のならば、自分も「作られている」という点では変わらない。問題は、同じく「作られている」同士の間でいかなる判断をするのかということである。むしろ、大切なのは、特定の問題について自分が今ここで語るということが、実際にはその問題に影響を与えているのだということを自覚することなのである。このことは、自分は無関係であるといった立場で論じる「客観性」という概念を再検討することでもある。あたかも高度数千メートルの彼方から地上の人間の動きを観察するといった修辞（レトリック）で語る社会科学の議論は、いうならば「神の視点」から人間社会を論じる。研究者にはすべてが見通されていて、公平無私な視点から最も合理的な結論が下されるのだというわけである。

研究する主体と研究される客体の区別を前提とする近代科学の方法は、人文・社会科学に用いられることによって状況が変わってくる。人文・社会科学の研究対象は、研究者と同じヒト――とヒトが相互に関係を作り出す人間――だからである。つまり自分自身も社会の一員として社会生活を送っている研究者が、しかも自分自身が強い関心を抱いている社会現象について、自分は無関係であるという態度で論じるというのはどういうことなのか。多くの場合、研究者はその問題に関心をもっているからその問題を研究するのである。研究者は一般の人々よりも専門的な事情について詳しいはずであり、専門的な事情を詳しく知るようになったような人物が、なぜか自分の利害とは無関係の問題として議論するわけである。考えてみれば、これは不思議なことである。客観的に語る当人は、いったいどのような利害関心のもとで行動しているのか。

社会構成主義は、社会科学者が、実際には「社会」に関与し、むしろ「社会」を作り出していることを強調する。もちろん、最も重要なのは社会科学者を含めたすべての人々が、日々刻々特定の形の「社会」を相互的に作り出しているという洞察である。社会について語ることは、同時に社会を作り出すことなのである。もっともわかりやすい例は、「メディア」である。テレビや新聞は特定の人物や社会問題について集中的に報じることによって、人々が通常「社会」と呼ぶものを作り出している。それが意図のままに成功するか否かは別として、人々の関心を引き起こすことによって「問題」を生み出しているのである。反対に、大きな権力をもった政治家が自分の意のままに社会を動かそうとしても、また社会科学者が、自分の理想とする社会を作り出すために運動したとしても、大多数の人々が関心をいだかなければ、大きな動きにはならない。現に「権力者」と呼ばれている人々は、それに従う人々が多い分、大きな裁量権が与えられているが、文字通りの自由自在という状況は望めないのは当然である。関係者が多くなれば多くなるほど相互関係による制約が多くなるからである。

社会構成主義の立場から「倫理を作り出す」ことを問うならば、和辻哲郎が「弁証法」的な修辞法で作り出した現実感とは別様の表現も可能だろう。「倫理とは何であるか」と問うことが倫理学であるならば、倫理学それ自身が倫理的な行為であり、倫理について語ることによって多くの人々もまた「倫理」について知るようになる。つまり、和辻がいう「人間存在の学」というのは、人々が互いに倫理について語り合い、行為し合うことによって日々生じている学問なのだということである。この問題を、一九三四年の和辻は「存在」と「非存在」の関係から「弁証法」ということで説明しようとしたが、見方を変えれば矛盾でも止揚でもない。人々が語れば存在し、語らなければ存在しない（ように思われる）だけのことである。そして、自己言及性の問題を視野に入れるならば、倫理について問うことは、間違いなく倫理について問われることでもある。ちなみに、これこそが「倫理学の方法を規定する第一の点」と和辻が呼ぶものである[23]。

ここまで考えてくると、「倫理」、あるいは「社会」をめぐる表現方法、修辞学（レトリック）がもつさらに別の重要性もわかってくるだろう。和辻が見事な表現で「倫理学」を論じるということは、単なる外面的な「表現」の問題だけではなくて、「倫理学」それ自体の自己言及的な問題なのである。特定の「倫理」を論じるということは、その論者が自らその「倫理」が重要であると考えていることを意味する。そして、それにふさわしい修辞法を選ぶのである。

もちろん、この種の議論には、「修辞法（レトリック）」に対する年来の批判がすべて当てはまることになる。それらの根底にあるのは、「倫理」の問題、あるいは「社会」をめぐる問題には、確かに客観的に検証可能な実体があり、それを確固とした形で取り出すことはできないとしても、単なる修辞法に依存しない研究は可能なのだという考えである。言い換えれば、あらゆる人間に普遍的な「倫理」や、特定の社会に存在する「社会問題」は、発見されるべき問題であって、作り出されるわけではないということになる。

これは結局のところ、実在の発見を意図する実証主義と、実在ではなくて構成や創出、あるいは意味付けを強調する種々の立場との対立点に行き着く。実証主義の原理は簡単で、多くの自然科学がそうであるように、あらかじめ実在している事実を明らかにすることが尊重される。たとえそれがどれだけ小さな意義しかもたない事実であったとしても、発見することによって人類の知識は確実に増えている。具体例としては、新種の昆虫を果てしなく探し続ける研究を考えればよい。この種の研究には、無数の人々といっしょに知のピラミッドを建設するような充実感がある。

これに対して、実在よりも意味付けや創出を強調する立場は、しばしば起こる知の転換を強調する。以前流行した「パラダイム転換」が例で、知識には有意味な知識とそうではない知識があり、しかも意味付けは時間空間においてどんどん変化してしまう。芸術研究が最もわかりやすい例で、すべての芸術家の作品がすべて等価であるならば芸術論も芸術史も論じることはできない。同じく専業の画家でありながら、その作品の評価に雲泥の差があるのは、まさに意味付けの結果である。しかも、名声が失われたり、再評価されたりもする。

ただし、「社会」を扱う領域では、個々の領域ごとに意味付けのあり方が変わる。一方には経済学に代表されるような統計的な意味付けの領域がある。そこでは一人の消費活動はたいして意味のない「例外」でありうる。ここでは統計的に有意であることが「意味」である。他方では、法律学に代表されるような個別例重視の領域がある。多くの場合、社会はうまく機能している。多くの常識的な個人は常識的な生活を送っているからである。法律学の問題は、その種の常識では判断できない事柄にある。たとえば、「人権」が問題になるのは、社会の少数者（マイノリティ）の権利が侵害される場合であって、社会を構成する多数派（マジョリティ）には無関係のことが多い。たとえそれがただ一人の事例であったとしても、真剣に問われなければならない。

さらに考えていくならば、ただ一人の少数者（マイノリティ）を考えるという発想は、特定の個人にとっての現実感を問うことでもある。それは特定の偉大な芸術家が感じた現実感とも共通して、社会にあって「例外」とみなされかねない人々の考えなのである。統計的に無意味なことが、社会にとって「例外」であるならば、法学や芸術学が問う問題は、無意味であらざるをえない。もしもそうならば、人間（じんかん）の領域の問題の多くが無意味であるということになってしまうだろう。

「倫理」の問題に戻るならば、この場合もまた「例外」が重要になってくる。世界中でみられる倫理命題に「人を殺してはならない」というのがある。実は、この命題には客観的な根拠はない。このことについては歴史学や人類学が飽きるほどたくさんの実例を挙げてくれるだろう。他方で、どこの社会でも生涯において実際に殺人を犯す人は多くはない。実際に、「人を殺してはならない」という倫理命題は、治安の良い社会にあっては統計的に無意味なのかもしれない。しかし、このことをもって「人を殺してはならない」というのが無意味であるということにはならない。

むしろ「人を殺してはならない」という倫理が行きわたった結果として殺人件数が少ないのだと考えるべきだろう。社会構成主義的にいえば、特定の形の倫理命題を人々が再生産し続けることによって、それがかなり実現していると考えることもできる。つまり、「人を殺してはならない」という命題に特定の実在する根拠があるわけではないのだが、それについて人々が相互に言及し合うことで再生産し、社会的に実現しているのである。このように考えるならば、倫理には、特定の実在による根拠付けではなくて、むしろ日々刻々の再生産の方が重要なのである。

さらにいえば、「人を殺してはならない」という命題が意義をもつのは、究極的には自己言及的な根拠付けによってである。当然のことであるが、「人を殺してはならない」というのは、「他人に殺されたくない」のというのと実質的に同じである。誰かが人を殺すには必ず殺される人がいなければならない。「人を殺してはならない」という倫理命題を否定するならば、同じように行動する他者によって自分が殺されることを倫理的に拒否する根拠が失われる。倫理は相手がある命題であり、他者への言及は常に自己言及に直結する。「人を殺してはならない」という命題に究極的な根拠はないのだが、社会学的に考えるならば納得できるわけである。

このように考えてくるならば、倫理、あるいは倫理学が強度に自己言及的な知の営みであることが見えてくる。和辻の議論に戻るならば、「人間（じんかん）」の学である倫理学は自己言及によって常に展開していかざるをえない。なぜならば、倫理の問題は常に他者とやりとりしている自己に終始しているからである。このことは逆に考えればすぐわかる。たとえば、自分に対してなんらかの訴えかけをしてくる他者を一切想定しない「倫理」などというのが考えられるだろうか。いうならば「独りよがりの倫理」、あるいは「自己満足の倫理」である。そんなものが成り立ちえないことは当然だろう。倫理はいかなる場合でも、他者と自己との相関関係でしか成り立たないはずである。そもそも他者が介在しない倫理、他者が自己に向かってなんらかの要求をしてこない倫理などありえないからである。この意味で和辻が「倫理」の語義について「倫」を「なかま」として説明していることは自然である（和辻哲郎、同書、一〇頁）。

「なかま」は確かに自己言及に最も近い関係にある人々だからである。いまここで出会っている人々との関係は、人間（じんかん）の関係であり、日々刻々に移り変わる自己言及なのである。本書で一旦社会学の視点から離れて「倫理」について考える中で、何よりも大きな収穫は、倫理や倫理学がもつ高度に自己言及的な性格である。社会学者が社会生活に不適合でも「だから他者の視点で社会を見ることができるのだ」と切り返すことができるが、倫理的でない（不道徳な）生活を送る倫理学者が反論することはそれよりも難しいと思われるからである。

9　思想を語る方法

ただし、自己言及性の問題は難しい問題を含んでいる。倫理が自己言及性から逃れられないのは確かであるとしても、近代科学が依拠する論理学は自己言及命題を排除するからである。近代科学の前提の下で、「研究」というのは、「他者」についてのものでなければならない。古代ギリシアの時代からよく知られた「私は嘘をついている」という自己言及命題は、検証不可能であるという点で、学問の知から排除されてきた。自己言及する「嘘」は反証不可能だからである。(24) とりわけ近代科学は自己言及性を徹底的に排除することで、それ自身の確実性を確保してきたとすらいえる。

しかし、その一方で、倫理に代表されるように、人は自己言及性から逃れることはできない。そもそも、「思想」と呼ばれる営為は、自分自身についての省察から出発し、そこに回帰する。自らに無関係で、縁遠い問題について、考えることは難しい。そんな問題に、人が関心をいだくことなどありえるのだろうか。このことは「社会」と呼ばれてきた領域についてはなおさらである。日本社会で、多くの社会科学者が「日本」の問題を熱心に論じるのは、彼らが自分自身を「日本人」であると認識しているからではないだろうか。つまり「自分（たち）の問題」として考えているからである。もちろん、これは世界中のどこの社会にも当てはまるだろう。

ところが、日本の社会科学者たちは、近代科学の流儀に従って、自分自身を度外視して「日本社会」

について論じようとする。もっと正確にいえば、度外視して論じているふりをする。それは舞台に深く関わっていながら、自己の存在を無いものとして規定する「黒子」のような役回りである。しかし、黒子が自分の演じている芝居に対して無関係で、無関心であるなどということがありえるだろうか。むしろ、黒子こそが人一倍芝居の成功を願っているのではないか。

このように考えてくるならば、社会科学にとっての自己言及性は、最終的に排除するにせよ、真剣に考える価値がある問題である。つまり、自分のことは度外視して論じていながら、論じること自体はまさに自分自身の関心に終始しているのである。あるいは、自分自身に終始――自己言及――しながら、論じている自分は議論に登場しない。端的にいえば、「研究」は自己言及を排除し、「思想」は自己言及に終始する。人は、自己言及によって「思想」を作り出しながら、同時に自己言及を排除することで「研究」してきた。しかし、基盤にある思想なくして研究などありえない。このことは思想や哲学に興味がない人々ですら例外でなく、むしろいっそう強く思想に拘束されているとすらいえる。「民主主義」を問う政治学者も、「経済発展」を探求する経済学者も、「法の支配」を強調する法学者も、結局のところは、自分（たち）が生活している社会の民主主義や経済発展や法秩序に回帰して思考しているのではないだろうか。もちろん日本の多くの社会学者が問うのは日本社会である。

自分自身について問うていながら、あたかも他人について客観的に論じているように表現する。まさにこれが修辞法（レトリック）の役割である。「ものは言い様」、あたかも無関係な他者について書いているふりをしながら、実際には自分と自分たちの利益を当然のこととして追い求めている。公平な視点で論じているようにみせながら、実際には特定の利害を弁護し、正当化している。

もちろん修辞法（レトリック）は、自分が信じる道徳や倫理を他の人々に広めるための手立てでもあるし、教師が生徒を教育する手法でもある。宗教家が信者に向かって教えを広めるのにも用いられる。しかし、社会科学者とは異なって、宗教家や教師や倫理を説く人々は、自己言及性を排除しない。宗教家が宗教の教理を説くのは、自分がその宗教を信じているからである。自分が教える教育内容の意義を信じていない教師がすぐれた教育者であるとは思われない。当然だろう。

しかし、「思想」や「哲学」を論じる議論は、しばしば自己言及性を排除する視点から論じる修辞法を用いてきた。「思想」や「哲学」の問題は、自身がそれを信奉するか、あるいは反対に否定したいと考える場合でなければ、論じる必要などないだろう。無視すれば、論じなければ、それまでである。なぜなのか。

この問題は、おそらく方法論をめぐる重要な課題につながっている。それは、ひどくおおざっぱにいえば、「研究」と「思想」をめぐる緊張関係と呼ぶことができる。現代の知的世界には一つの暗黙の約束事がある。それは、「思想」にあっても「研究」という形で論じなければならないという約束である。近代ヨーロッパを代表する哲学者たちも、多くは「研究」という形で自分の思想を表現しようとしてきた。そして研究という形の思想が多く蓄積されてくると、今度は、研究という形の思想をさらに研究する人々が増えてくる。いうならば研究の研究である。よく名の知られた思想家の著作を研究する場合はなおさらで、研究の研究の研究……といった形で議論が積み重なっている。こうして多くの人々は、思想家や哲学者であると同時に、「研究者」として哲学書や思想書に取り組むことになっている。

興味をそそるのは、その場合に根拠とされるのは、特定の思想家が書いたテキストであり、テキストに書かれている「思想」には根拠が問われないことである。誰か名の知られた思想家がそう書いていれば、「研究」にあっては、それが根拠になってしまう。「実在」の問題を問う哲学者たちですら、知名人の著作は客観的な実在として無条件に容認してしまうのである。この結果、「思想」をめぐる探求の多くがテキスト研究という形を取ることになる。

すると、多くの研究者は過去の名を知られた思想家の中から、自分の思想に最も近い人物を探し出して、その人物の思想を探求するという形で自分の思想を展開するという屈折した手続きを経るようになってきた。それは、いうならば自己言及を排除した近代科学の方法（実証主義）と、自ら思想家であろうと思索する知識人の間の妥協の産物なのである。自分が思索していないふりをしながら、過去の偉大な思想家に仮託して自分の思考を語るのである。

ただし、このような手続きを続けていると、次第に、すべてはすでに過去に成し遂げられてしまっており、後続の人々は大して付け加えることなどないのだという考えが普及していくようになる。「研究」の対象になる知名人は、ほとんどの場合過去の人物だからである。哲学史や思想史の知識が蓄積されると、後続の人々は歴史に圧迫されるようになる。

最も偉大な例外は、おそらくニーチェであろう。ニーチェはあまりにも膨大に蓄積された過去の知識

――「歴史」――が人間の生を弱体化する現象を告発した。ニーチェの論文「生に対する歴史の利害」（一八七四年）の主題がこれである。[25]それは言い換えれば、思想家であるよりもはるかに思想史家である人々への批判であった。「思想」のすべてはすでになされたものであり、やるべきことなどなにもないと考えてしまう傾向こそが、思想の貧困をもたらしている。ニーチェはそう考えた。

和辻哲郎の最初の著書が一九一三年の『ニイチェ研究』であるのは意味深い。それは題名にあるように研究書なのだが、和辻は「研究」を介して独自の思想を探求することを選んだ。現に和辻は多くの思想史研究を行っており、一九一五年には『ゼエレン・キエルケゴオル』を発表している。間に有名な『古寺巡礼』（一九一九年）をはさんで、一九二六年に発表されるのが『日本精神史研究』であり、同年にキリスト教思想を扱った『原始基督教の文化史的意義』が出ており、翌一九二七年には仏教思想を論じた『原始仏教の実践哲学』が発表される。一九三四年は、『人間の学としての倫理学』の年である。つづく一九三五年は、『風土　人間学的考察』の年であり、また『続日本精神史研究』や『カント　実践理性批判　大思想文庫　一八』の年でもある。そして、一九三七年には、和辻の主著と目される『倫理学』が発表され始める。

和辻哲郎の著述活動は、「研究」を正面に据えながら、同時に「思想」をも構築していくという、いうならば二正面作戦の典型とみなすことができる。和辻が最初の著作で取り組んだニーチェは古典文献学者として出発しながら、早々に研究生活を投げ出して、思想家として生きて行くことを選んだが、和辻の場合はニーチェやキルケゴール、日本思想史や仏教思想、キリスト教思想を研究する中で、「倫理学」も建設していった。

この研究にとって何よりも興味深いのは、両者を両立させるために和辻がとった方策である。この人は、「倫理学」を学説史（研究）の用語を使いながら、思想として建設しようとした。『人間の学としての倫理学』の過半の頁が学説史に費やされているのはこのためである。もちろんここで何よりも興味をそそるのは、学説史研究から当人の「倫理学」がどのように登場してくるのかということである。この本の学説史研究からなる前半部分を、ひどく単純化していえば、アリストテレスやカントに見られた「倫理」が、ヘーゲルの「人倫の学」において一つの極点に達し、それがフォイエルバッハを経てマルクスの「人間存在」に向かったのだという説明である。和辻はマルクスが一八四五年に書いたメモ「フォイエルバッハに関するテーゼ」を引用する。

フォイエルバハをも含めて在来の唯物論の主要欠陥は、対象、現実、感性が、客観という形式で、あるいは直観の形式の下に把握せられ、人の感性的活動、すなわち実践として把握せられざることである。すなわち主体的に把握せられざることである。（和辻哲郎、同書、一六七頁[26]）

唯物論者フォイエルバッハは人間社会を自然界のモノとして眺めていたにすぎないが、マルクスはそれを人間（じんかん）の実践として捉え直したのだというわけである。フォイエルバッハが「客体（客観objektiv）」として考えたこともいえる。モノ（客体Objekt）ではなくて、行為者の主体性（主観性Subjekt）として考えることで、マルクスは「人間存在」の学に行き着いた。

ところで人を感性的活動として主体的に把握し、それを社会的連関の中に置くということは、とりもなおさず「人」を「人間」として把握することとである。「人の本質が社会関係の総体」であり、「あらゆる社会的生活が本質上実践である」（テーゼ六、八）ならば、かかる「人」は実践的行為連関としての「人間」以外のものであることはできぬ。しからばマルクスは、「人」を自然対象とする唯物論を斥け、活動実践としての「人間」の主体的存在を強調したのである。マルクスにおける社会の強調は、人を主体的人間に転ずることにほかならない。（和辻哲郎、同書、一六七―一六八頁）

何よりも興味をそそるのは、和辻の考えでは、「人間」という論点に行き着いたのは、マルクスであり、和辻の「倫理学」はマルクスの議論をさらに展開するものなのだということである。和辻によると、マルクスはヘーゲルの「人倫」から出発して「社会」の学、具体的には経済学へ向かった。これに対して、和辻はこれを再び「人倫の体系」に引き戻すことを意図するのである。その際に和辻が手がかりにするのが、「有」をめぐって展開してきた西洋の思想ではなくて、「無」を全面に掲げる西田哲学なのである。

この研究では先に、和辻が「社会学」を客観的で静的な対象を扱う学であるとみなし、これに対して「倫理学」は「人間（じんかん）」の動態を主題化すると考えていることを指摘してきた。[07]『人間の学としての倫理学』が刊行された一九三四年の時点の社会学は、ハーバート・スペンサーの社会進化論の圧倒的な影響下にあった。もちろんその後の展開にあっても、実証主義（自然科学主義）的な立場による客観主義的な方法は優勢であり続けているので、和辻の理解が間違っているとはいえない。

これに対して、和辻は西田の「無」を手がかりとして「人倫の体系」を再構成しようというのである。

「人倫の体系」の学である倫理学は、和辻にとって、動的な知の営みでなくてはならない。和辻の用いている方法を和辻自身の議論に当てはめていうならば、この人は古代ギリシアからヘーゲル、マルクスにいたる思想史（学説史）を振り返りながら、終始自分自身の関心から論じている。和辻がマルクスについて論じるというのは、和辻とマルクスという二人の人の「人間」について問うことであり、（マルクスの側から和辻に問うことはないにせよ）和辻がマルクスの「フォイエルバッハに関するテーゼ」を読み込むことによって、「活動実践としての『人間』の主体的存在を強調」しようとするのである。面白いのは、過去の思想史（学説史）の研究は、研究される対象が客観的で静的な対象として扱いうるのに対し、研究する側は動的な主体（主観）として自在に活動できることである。一九世紀の人物であるヘーゲルやマルクスは二〇世紀の和辻に何も言ってこないが、逆は自由だからである。

議論を元に戻すと、過去の思想家のテキストに託して自説を語る、あるいは自説に合った過去の人物のテキストを探し出すというのはどういうことなのか。これには優れた人物によって自分の思考を導いてもらうという利点がある反面、過去の人物の権威に結びついた特定の見解をいつまでも固定するという側面もある。さらにいえば、過去の権威を利用して卑近な価値観を大げさに語るという場合もあれば、卑近な次元に過去の偉大な人物を押し込めてしまうともいえる。すぐれた人物による著作を、しばしば大勢の人々の思考水準に貶める作用を果たす。そして、どんどん積み重なっていく二次文献が、それぞれに流派を成して「……流の読み」を習得することの方が、元の著者のテキストを読むより重要になってしまう。理由は簡単で、原著者はおおむねすでに没した人なので何も言わないからである[28]。

もちろん一九六〇年に没した和辻哲郎の著書を論じている本書も、この問題から逃れることはできない。自己言及性の問題を取り上げてしまった議論は、自己言及から逃れられないからである。現に和辻のテキストをどのように読もうとも、原著者はなにも言ってこない。ヘーゲルやマルクスが和辻に対して何も言ってこないのと同じである。ここに「客観性」を旨とする実証主義と思想史が結合する糸口がある。いまここに存在する古典のテキストだけを「他者」として一方的に取り扱う視点である。

しかし、この種の実証主義は問い直されなければならない。物言わぬ対象に一方的に語りかける「対話」は、結局単なる自分（たち）の自己満足なのではないか。この問題は何度強調してもしすぎることがないほど重要である。特定の流派の人々が、互いに勝手に共有し合っている「現実感」を、流派の外部の人間が共有する必要はない。そんな理由はないはずである。

自己言及性を踏まえた上で言えば、過去の著者のテキストを熟読する意義は、その人物が考えていた過程をなぞることで、後年の解釈者たちや祖述者たちが注目することのなかった思考を自分自身の問題として再発見することである。このことは、本書で先に述べたように一九三〇年代の著者たちの水準に追いつくことを意図する場合、さらに特別な意味をもつ。騒々しいだけの「戦後」が忘れられ、一九三〇年代の日本の著者たちが到達していた水準を回復することは、それほど困難なことではない。理由は簡単で、途中の展開が抜けているからである。一九世紀末のニーチェは積み重なった先人の価値の重荷を罵ったが、二一世紀の日本にあっては比較的気楽な状況に恵まれている。直近の先人の重みが多くないからである。たとえば、「戦後」の日本のメディア知識人が書いた文献には読む価値が少ない。この

ため、後続の人々は「戦後」をかなり無視して、それ以前の和辻哲郎に直接対面することができるからである。(29)

10　自己言及する人間

こうしてようやく和辻哲郎の『人間の学としての倫理学』の中枢部分に入っていくことができる。この研究を続けていく中で最大の収穫は、和辻の「倫理学」の中枢に自己言及性の問題があるということを知ったことにある。「倫理」について問うことは、そのまま同時に問われることである。一旦、「人間」の問題を問うた以上、自分自身がそれを排除することはできない。「人間」とは、あくまでも語る者と語られる者の間の関係だからである。他者について語るということは、同時に他者に語られることを避けられない。

他者への問いは、同時に自己への問いである。そして、自己への問いもまた他者への問いであらざるをえない。自己言及の問題を問う論者は、すでに一九三〇年代に和辻哲郎という先行者がいたことを知らなければならない。

もし我々が我々自身でないものとなって我々自身に対立することができなければ、右のごとき反省は全然不可能である。反省とは他者に突き当たることによって己れに環って来ることにほかならない。己れに環り得るのはその他者が本来己れ自身だからである。我々は我々自身であってその主体を直接に見ることはできない。しかしその主体が外に出ることによって「客観」となり得るがゆえに、我々はまた主観としてこの客観に対立し、そうして客観を通じて主体自身を把握し得るのである。従って人間という主体的なる「者」を主体的に把握するためには、我々は人間ならざる「もの」を通過しなくてはならない。これが「物」を表現として、すなわち外に出た我々自身として、取り扱う立場である。（和辻哲郎、同書、一九九―二〇〇頁）

おのれ自身に帰ってくる思考は、まさに自己言及そのものである。「他者」もまた「自己」であり、「他者」を経ることによって「自己」が問われる。認識について少し深く考えてみれば、人は自分自身の置かれた状況に当てはめることによって、「他者」について認識することがわかる。もっともわかりやすい例は、動物（人間ならざる「もの」）の行動について毎度くり返される説明である。テレビの動物番組に登場する動物の行動は、まさに人の行動からの類推で理解される。「メスの気を引こうとするオスは、得意のダンスで求愛し、より多くの子孫を残そうとする」というのは、毎度よくある説明だが、なぜそうなのかを動物自身に尋ねることはできない。「はい、私は自分の子孫をより多く残すために、メスの前でがんばってダンスをするのです」と証言する鳥はいない。あくまでもそれは、人々が自分たち人類の行動からの類推で、「求愛」や「生殖」、あるいは「子育て」について説明し、納得しているだけなのである。

もちろん「人間」の問題を問う場合は、この種の類推がさらに膨大になる。日々刻々行動する人々は、それぞれに特定の目的を意図しているとしても、行為の結果が当初のそれぞれの意図と一致するとは限らない。むしろ、個人の思いどおりにならないのが社会であり、「人間」なのである。逆にいえば、社会が特定の個人の思いどおりにならないからこそ倫理の問題が問われるのである。しかも、言葉を話さない動物とは異なって、人間は各々自分の意図を言葉で表現しようとする。すると、各々の意図が互いに実現したり、失敗したり、裏切られたりすることになる。倫理が問うべきなのは、主に当人の意図どおりにならない状況を当人に納得させることにあるはずである。当人の意のままに状況が運んでいる人物よりも、意図が裏切られた人物の行動を律する方が倫理にとって重要であることは、あらためて多く論じる必要がないだろう。

こうして考えてくると、和辻が問う問題は、無数の人々が無数の他者との間――「人間」――に生じる無数の状況に対して、特定の指針を作り出そうとしていたことがわかってくる。繰り返しになるが、倫理は発見するものではなくて、あくまで作り出すものなのである。それは、特定の形の「人間」（社会）がそれに属する人々に特定の形の関係を要求する行動であると考えることができる。人々が相互に作り出した関係は、それ自体が独自の実在として当人たちには感じられる。誰も「学校」や「会社」や「国家」を自分の目で見たことがないが、これらの社会的存在は、身の回りにあるモノの存在以上に存在感を与えられていることがある。自動車や服飾、万年筆といったモノの世界に没入し「生涯をかける」という生き方は十分ありうるが、はるかに多くの人々が「会社」や「国家」といった社会的存在に自己投入しようとする。さらにいえば、モノの世界は他人との間の、「人間」の、相互性において意味を与えられている。有名ブランドの高級車やバッグは、シンボルとして、社会的に存在しているといえる。

関係としての社会は、まさにそれゆえに、多くの人々にとって最優先の価値となりうるのである。

人々が自分を取り巻く「人間関係」――本書の議論にとっては意味深長な言葉である――に左右され、しばしば「見栄」や「世間体」、あるいは使命感のために多くの負担に耐える。生活を犠牲にしてまである種の消費に没入したり、仕事のために健康を損なったりする人々がいつの時代にもいるのは、まさに「人間」（社会）がもたらす価値のためである。しかも、人々は自分たちが共有する価値が他の人々にも共有されていくことを望む。

ただし、価値は人々に共有されていることによって生み出されているのであって、共有されなければ無意味なのである。価値は「人間」で共有され、共有する人々がその価値を重要であると信じることによって重要になる。もちろん、ここには客観的な根拠はない。まさに根拠の根拠の、さらにその根拠は外部で根拠付けることができず、あくまでも循環的に内部で根拠付けている。その最も端的な例が、倫理であり、宗教なのである。倫理の根拠が、和辻がいうように、倫理であるように、宗教の根拠もまた宗教である。

現代のアメリカ社会学にあって、「賢者」[30]とも呼ぶべき位置を占めているランドル・コリンズは、一九八二年に初版が出た『社会学的洞察』の「神の社会学」と題する章で次のように書いている。

しかし、人びとが神聖なものに帰属させているすべての特性をそなえたひとつの現実が存在する。それは、自然物でもなく、また形而上学的なものでもない。それは、社会そのものである。というのも、社会はどんな個人よりもはるかに大きな力だからである。社会のおかげで私たちは生きてくることができた。そして社会は私たちを殺すこともできる。社会は私たちに対して恐るべき力をもっている。誰もが、数え切れないほど多くの点で社会に依存している。私たちは、自分で発明したわけではない道具や技術を使い、他の人たちから伝えられた言葉を話している。事実上、私たちの物質的および象徴的世界すべてが社会から私たちに与えられるものなのである。私たちはさまざまの制度のもとで生活を営んでいるが、これらの制度も、家庭生活の形式であれ、経済であれ、政治であれ、あるいは他のどんな制度であれ、結局は他の人びとによる実践のつみ重ねから、つまりは社会から由来したものなのだ。これこそ宗教があらわす根本的な真理にほかならない。つまり、神は社会の象徴なのである。（ランドル・コリンズ『脱常識の社会学[31]』第二版、井上俊・磯部卓三訳、岩波現代文庫、二〇一三年、五二頁）

一言でいえば、「神は社会の象徴である」。あるいは、「社会は神である」と言い換えてもそれほど不都合ではないだろう。宗教は宗教自体によって根拠付けられる営みだが、社会学者は「社会」という概念を利用することによって、それを社会学の議論へと移す。いわゆる「社会学主義」、あるいは蔑称としての「社会学帝国主義」であると批判することは容易である。何でもかんでも「社会」と呼んで、人間を取り巻くあらゆる問題をそれに結びつけて説明するのだというわけである。しかし、その種の批判をする人々は、「社会」の外部に何らかの根拠があって、それを客観的に究明することができると信じている。あるいは「社会」の外部に、「経済」や「政治」といった実体的な存在があると想定している。もちろん、この種の議論は織り込まれており、経済や政治といった制度も含めた「社会そのもの」がすべての人々の生活を規定していると、コリンズは考える。

何でもかんでも社会だといえば、そのとおりなのだが、それは自然物でも形而上学的なものでもなく、かといって実体として各々区別できるわけでもない。「経済」も「政治」も、「家庭生活」も互いに明確に線引きをすることはできず、同じ流儀で根拠をたどっていけば、やはり「社会」の循環に行き着いてしまう。コリンズがいうように、人は自分が作ったわけではない無数の装置に囲まれて暮らしており、やはり自分が発明したわけではない言語で考えているからである。人々を取り巻くあらゆる要因は、確かに「社会」に行き着いてしまうのである。

もちろん、コリンズのいう「社会」というのも、決してモノとして固定できるわけではない。コリンズによれば、西洋の社会科学の基盤を成す「合理性」は、実は「非合理的基礎」の上に出来上がっている。コリンズは、社会生活を営む無数の人々の好悪感情や気まぐれ、長年の習慣といった要因が、一見合理的に見える社会を維持していることを強調する。その上、「社会」はどんな個人よりも強力で、場合によっては個人を殺すこともできる。

しかも、「社会」は特定の人物が自らの思弁だけで築き上げた「形而上学」でもない。現に人々は「社会」の中で生活しているからである。もっと正確にいえば、人々は「個人」としての自己とは別の、何らかの強制力をもった存在を意識している。その種の存在は固定しておらず、常に動いている。

まさにこれは社会学が創始期から直面してきた難問である。「社会」はもちろんモノではないのだが、かといって単なる幻想でもない。極端な個人主義（方法論的個人主義）に立つ論者は、実在するのは個人であって「社会」は究極的には実在しないと考える。しかし、あらゆる社会問題を「個人」だけから考えようとすると、今度はさまざまな難問に自分から入り込んでいってしまうことになる。その場合、見落とされているのは、肝心の「個人」というのが本当に、個人主義（方法論的個人主義）が考えるように実在しているのかという問いである。

つまり、あらゆる人間関係において、そしてあらゆる時期において、一貫して自己同一性を維持する「個人」などというのがあるのか。なぜ、「個人」は変化してはいけないのか。各々の社会状況の中に「埋没」してはいけないのか。たとえば、ギュスターブ・ル・ボンが「群集心理」という概念で論じたような状況に、なぜ「個人」は陥らないのか。しかも、近年進展が著しい脳科学は、「個人」が潜んでいると想定される大脳皮質の、いったいどこにそれがいるのか判断しかねている。

仮に「個人」が実在するとしても、それはモノとしての実体ではない。それは固定したモノでもなければ、不変の存在でもない。むしろ、「個人」と呼ばれてきたものは、刻々と変わっていく諸々の要素の結び目であり、ある瞬間には自らを固定した「個人」であると自覚しているが、次の瞬間には別の「自我」として、異なったことを考えている。

さらにいえば、「個人」は自らを「個人」であると自己言及することによって「個人」となっている。このことは、ヨーロッパ近代が生み出した「近代的個人」がどのように成り立っているのかを考えるきっかけになるだろう。「近代的個人」つまり、固定して不変である「個人」は、そう考える人々、つまり固定して不変である「個人」について自己言及する人々によって日々再生産されているのである。

そして日々言及され、常に言及されることによって根拠付けられている。語られることによって人々はそう考え、人々がそう考えることによって、そう語られる。外部に（客観的な）根拠を求める人々が何といおうとも、語ることと考えること、そして信じることとの循環は、人々が生きる世界で成り立っている。言い換えれば、いかなる個人よりも強力で、圧倒的な強制力をもつ「社会」は、同時に人々の間に日々刻々生じており、しかもそこにしか根拠が求められないのである。

和辻哲郎の議論に戻ると、「人間」（社会）を客観的に論じるには、それを「もの」として「外に出た我々自身」を問題にしなければならない。先に引用した、「もし我々が我々自身でないものとなって我々自身に対立することができなければ、……」の段落の前にさかのぼると、和辻は倫理学の学としての課題を「もの」ではなくて「こと」であると主張していた。

問われている「者」は人間である。しかし倫理学は「学」として、倫理とは「何であるか」と問うのである。人間はその存在において人間を可能ならしめるような一定の仕方を持っている。この存在の仕方が倫理であった。しからば我々は問われている者人間がいかなる存在の仕方を持つかを明らかにしなくてはならぬ。しかもそれを「何々である」として答えなくてはならぬ。存在の仕方自身はただ行為することにおいてのみあらわにせられる。学は行為の中のきわめて特殊な領域、すなわち理論的反省の立場として、存在の仕方を一定の「であること」に翻訳しなくてはならぬ。これが倫理学において問われている「こと」である。

我々はまず倫理学の目ざすところが「もの」ではなくして「こと」であるという点を明らかにし

なくてはならぬ。（和辻哲郎、同書、一九八―一九九頁）

かなり難解な表現を言い換えれば、倫理学の対象は「人間」（社会）の外部に存在する「もの」ではなくて、いまここで起こっている「こと」としての「人間」（社会）そのものなのである。つまり、存在としての「社会」ではなくて、関係、あるいは行為としての社会を問うことが、和辻にとっての倫理学なのである。

コリンズの言葉でいえば、「他の人びとによる実践のつみ重ね」こそが社会であり、過去の人々が試行錯誤し、記録し、蓄積してきた知識や経験が、今現在を生きる人々の「人間」にそのまま境目なく流れ込んでいるのである。もちろん、それは文字で表現され、記録される知識だけではなく、また言語によって人々が意識する「こと」だけでもない。むしろ、人々が意識することのない古くから伝わる習慣や、あるいは互いの人間関係――「にんげんかんけい」であり「じんかんかんけい」でもある――で生じる見栄や体面、面子、競争心、劣等感や優越感、名誉、誇りもまた全面的に「人間」の問題なのである。

それは自分自身も含めた日々作り出される「人間」を問い続けることである。問い続けることが重要であって、特定のモノや、記述された構造として固定するならば、それはすぐに外部の存在になってしまうからである。

我々は倫理学が主体的な間柄をあくまでも主体として把握しなくてはならないと言った。それは人間という「者」を客体あるいは対象としてはならないということである。人間とは我々自身であって我々に対《むか》い立つものではない。しかも観照すべき対象を持たないのである。しからば我々は、理論的すなわち観照的な反省において、しかもいかにして我々は我々自身を把握することができるのであろうか。（和辻哲郎、同書、一九九頁）

そして、「人間」（社会）とは人々の外部にある――「対い立つ」――「モノ」ではなくて、人々自身、つまり自分自身について自己言及する過程なのである。和辻が、「反省とは他者に突き当たることによって己れに環って来ることにほかならない」というとき、社会（人間）をめぐる自己言及の循環が閉じることになる。さらにいえば、自己言及の循環は閉じて静止しているのではなくて、常に循環し続けているのである。

11　循環する社会

和辻哲郎の「倫理学」は、もちろん社会学の議論として展開しているわけではない。むしろ、本書ですでに確認してきたように、客観的な実在としての「社会」を問う社会学とは別物として、和辻の「倫理学」は構想されている。ただし、「社会学」を一九三〇年代のそれに限定する必要はないし、また当時にも、それ以外の社会学はすでに登場していたのである。ここでは、むしろ社会学の古くからの問題に、同時代の和辻の「倫理学」を突き合わせることで、今日よりも高度な形で展開していた当時の水準を回復する手立てとしたいのである。

デュルケームが「社会をモノとして研究する」ことを主張したとき[32]、確かにそれは客体としてのモノであった。このことからデュルケームを素朴な実証主義者（自然科学主義者）として批判することは可能だが、百年前の著者を特定のグループや類型に落とし込んで、そこから非難しても得るところは多くはない。むしろ、デュルケームが「客体」として固定しようとした社会が、「客体」として、そして「モノ」として扱われるようになるには、はたしてどのような過程を経ているのか。その過程において、デュルケームは社会をどうやって概念化していこうとするのか。たとえば、有名な箇所でこの「最初の社会学者」は次のように書いていた。

ところで、社会の統合が弱まると、それに応じて、個人も社会生活から引き離されざるをえないし、個人に特有の目的がもっぱら共同の目的にたいして優越せざるをえなくなり、要するに、個人の個性が集合体の個性以上のものとならざるをえない。個人の属している集団が弱まれば弱まるほど、個人はそれに依存しなくなり、したがってますます自己自身のみに依拠し、私的関心にもとづく行為準則以外の準則を認めなくなる。そこで、社会的自我にさからい、それを犠牲にして個人的自我が過度に主張されるようなこのような状態を、自己本位主義とよんでよければ、常軌を逸した個人化から生じるこの特殊なタイプの自殺は自己本位的とよぶことができよう。（デュルケーム『自殺論』宮島喬訳、一九八五年、二四八頁）

デュルケームが「個人」と「社会」の対比で考えているのは確かである。「社会」はその統合力で「個人」を結びつけており、「個人」に対する統合力が弱くなると、「個人化」が進み、「個人的自我が過度に主張されるようになる」。近年の社会学でしばしば論じられる「個人化」論の出発点の一つがデュルケームのこの文章であることは間違いないだろう。

「個人」がますます「個人化」してしまうことによって、人々を結ぶ絆が失われ、砂粒のような個人がばらばらになる。個人の自由は大事だが、対価も伴っているのだというわけである。社会学者は、しばしばこの種の「矛盾」を種々の社会問題に当てはめて論じるのを好む。進むも退くもふさがれた、進退窮まった状況を意図的に慨嘆するところがある。ただし、多くの人々も、自由を求めて一人暮らしを始めたら、今度は人恋しくなってしまったといった種類の矛盾を経験するものである。現にこの種の矛盾は人々にとって印象的で、人生全般の複雑さについて考えるきっかけともなる。

ただし、その一方で、デュルケームは次のようにも書いていた。

しかし、それらの理由［犬飼：集団が種々の理由で自殺を防止する役割を果たすこと］はなお副次的なものにすぎない。常軌を逸した個人主義というものは、たんに自殺の原因についてその作用を促進するというだけではなく、それ自体が自殺の原因である。この個人主義はたんに人間を自殺へ追いやる傾向を効果的に抑制している障壁をとりのぞくだけではなく、自殺への傾向をまったくあらたに創造し、この個人主義の刻印をおびた独特の自殺を生じさせる。この点が重要であり、この点こそ十分理解されなければならない。（デュルケーム、同書、二四九頁）

ここで、まさに「十分理解されなければならない」ことは、デュルケームを単なる「反個人主義者」、「集団主義者」と捉えるのは誤りであるということである。むしろ、デュルケームは、「個人」という自己認識が、「常軌を逸した個人主義」「自己本位主義」への傾向を有しながらも、元来は「社会的自我」として成立し、維持されるのだという信念を抱いているのである。それが失われると、「個人」はしばしば自死を選ぶ。「社会」の外部に「個人」が独立して存在するのではなくて、また「個人」が己の利益のために「社会」と取引をしているわけでもない。むしろ、人が自らを「個人」であると考えるのは、他の人々との関係においてであって、言い換えれば「個人」は社会的な産物なのである。ところが、何らかの社会的な状況において、「常軌を逸した個人主義」や「自己本位主義」が登場する。そして、これらの特殊な「個人」こそが困難に突き当たるのだと、デュルケームは考えた。むしろ、長く込み入った議論を通じて、微妙な形での「個人」の成り立ちを理解しようとしたのである。

まさにこれが古典的な文献を精読する利点である。すぐれた著者は、多くの場合、概説書的な説明よりもはるかに微妙に、はるかに深く考えている。概説書や教科書は、同時代の読者の通念や常識にうったえかけることで「古典」を理解させようとする。これに対して、古典的な著者はそんな考えを抱かないで、自分の問題を探求していた。それは、自分がどこに行くのか皆目見当がつかない探検なのである。この違いは大きい。

ここでデュルケームが考えている「個人」は、「方法論的集合主義」や「全体論」、「社会実在論」といった教科書的な説明だけでは把握困難な思考に基づいている。もっと精妙なことを考えているからである。(33)

デュルケームにあっても、社会は個人を生み出し、そして個人が社会を生み出す。社会は個人の根拠であり、社会の根拠も個人なのである。まさにそれは循環関係である。そして、「社会」とのつながりを失うと、「それ自体が自殺の原因」となる。社会と個人の循環は、循環し続けていることが大切なのであり、循環が停止すると危険が迫ってくる。社会というのは、コリンズがいうように、「他の人びとによる実践のつみ重ね」であり、その中から個人は生きていく上のあらゆる要素を受け取って生きている。それを失った個人は、社会から受け取る代わりにより多くの要素を自分で調達しなければならない。もちろん、そんなことが少しでも可能な個人は限られているし、多くの場合は困難に直面する。

「常軌を逸した個人主義」「自己本位主義」そのものが自殺の原因であるというデュルケームの考えは、もちろん検討を要する。実はこの点が、デュルケームが掲げる実証研究が後続者によって批判される点でもある。デュルケームは、自分が行った調査によって言える以上のことを言っている、というのがそれらの批判の要点であった[34]。そもそも、いかなる統計的な処理を用いても、どんな調査をしても、自殺の原因を特定することなどはできない。そもそも自殺した当人に尋ねることができない。自殺はどんな社会にあっても悲惨な事件であり、ありうるべき「原因」は、どのような社会にあっても研究されて、予防策が講じられる。特定の社会の成員は全力で自殺を予防しようとする。それにもかかわらず起こる自殺は、多くの人々の考えを越えていることが多い。

ただし、デュルケームの理解に議論を限定するならば、近代化の過程において、極端な形で登場してきた「常軌を逸した個人主義」や「自己本位主義」は、「個人」にどこまでもこだわる近代文化の延長上にあるといえる。近代に出発する「個人主義」は、古くからの集団や共同体による拘束から個々の人々が自由になることを意図してきた。不条理な習慣や抑圧的な慣習への反逆は、同時に個々人がもっている可能性を解放する契機ともなった。現に近代化は、未曾有の富や便利さを人類にもたらした。それは成功体験として、社会全体に組み込まれ、「個人」が自立すればするほど、他者との関係を断ち切れば断ち切るほど、より完全な「個人」となるという信念が共有されるようになってきた。

しかし、実際にはその種の「常軌を逸した個人主義」は致命的な問題を抱えている。それは、「個人」という観念自体が社会的に成り立っているということである。そもそも、人間以外の動物に自分が「個人」であるという観念はない。動物には、たとえば「個イヌ」や「個ネコ」といった意識はない。「個人」という考えは、まさに人類だけの独自性であり、しかもあらゆる人類が共有しているわけでもない。それは、あくまでも近代になって成立した文化であり、簡単にいえば、近代になって以降、そう教えられることによってそう考えるようになったにすぎない。つまり、人は他者に教えられ、他者に依存しなければ「個人」として自覚することができないのである。

むしろ、「個人」というのは高度に社会的な概念なのである。つまり、「個人」が多数集まってきて、「さあこれからいっしょに社会を作ろう」といって社会を作り出すのではない[35]。むしろ、集住状態の中で暮らしてきた人々の一部が、自分は他者とは違う独自の「個人」だと考えるようになった。そして、同じような考えを共有する人々が、口々に「個人」の重要性を強調し合うことによって、「個人」を象徴とする社会関係が生まれてきた。その過程で、あたかも「個人」が最初の実在であって、「社会」というのは個人の意図のまま自由自在に操作したり、設計したり、契約を結んだりできるのだと考える人々が登場してきた。他方で、「社会」というのは煩わしい抑圧者であり、そんなもの（モノ、者）とは手を切った方が「個人」は幸せになるのだという考えも生じてくる。これが、デュルケームのいう「常軌を逸した個人主義」である。

この種の自己矛盾は深刻で、自殺の原因になるのかどうかは別にしても、多くの人々に精神的な負担となることが想像される。この種の負担がなかなか軽減できない理由は、まさに、デュルケームが「常軌を逸した個人主義」と呼ぶ信念の強固さにある。ただし、この種の信念が成り立っている根拠を問い直すと、やはり「社会」に行き着いてしまう。むしろ、「個人」という観念もまた「他の人びとによる実践のつみ重ね」として捉えた方が、はるかに自然なのではないだろうか[36]。

つまり「個人」は社会的関係の結果であって、原因ではないという捉え方で考えていくのである。すると、「個人」を構成しているさまざまな関係が意識にのぼってくる。それぞれの個人は、それぞれに多様な体験や経験をしており、他の個人と同じではない。しかも、それぞれに常に動いている。ここでいう「結果」というのは、出来上がって静止した物体（モノ）ではなくて、過去も現在も未来も動いている過程なのである。常に動いていくことで、常に新しく、常に新たな可能性がありうるという意味で、自由なのである。

それでは、このような人と人との関係によって社会が生み出される状態、さらには「個人」もまた人と人との関係によって成り立っている状態は、なんと呼ぶべきなのだろうか。私見では、和辻哲郎が人間と呼んだのは、まさにこの循環状態のことである。人と人との間に生じている関係が、それ自体を目的として循環する。

まさにこれこそが和辻の中心問題である。和辻は「個人」をめぐる近代哲学や近代社会科学の難問を自覚し、しかもそれに対する方策を提示していた。コリンズやデュルケームにかなり寄り道をしてしまったが、和辻に議論を戻すと、この人の「倫理学」は、社会学が長年にわたって取り組んできた難問に大きな貢献を果たしているのである。

それはまさに「社会」とは何なのかという問いである。それは、和辻流にいえば、「もの」ではなくて、「こと」である。日常生活からはるかに規模の大きな「こと」に至るまで、人と人との「間」、つまり「人間」に生じる「こと」なのである。

> 日常生活における表現とその了解として人間の主体的な存在に連絡することは、学的立場における表現の理解の問題である。我れの身ぶりに対して汝が応える場合には、すでにそこに表現の了解が働いている。しかしこの了解は、二人の間柄を存立せしめる契機であって、この間柄がいかなるものであるかというごとき存在論的理解ではない。存在論的理解は、了解において発展する表現を捕えて、そこに形成せられた意味的連関を取り出し、それを二人の間柄の構造に連絡させて理解しなくてはならぬ。たとえば身ぶりをかわすという表現は二人の間に今了解せられた「こと」を我々に示す。我々はその「こと」において二人の間の実践的行為的な連関を理解することができる。主体的な存在の仕方が、それにもかかわらず理論的に「であること」として確定せられるのは、かかる表現の理解にもとづくのである。
>
> しかしこのような理解が単に恣意的主観的でなく、学としての客観性を持ち得るということは、いかにして保証せられるであろうか。それを我々は、表現の理解に客観性を与えるところの、解釈学的方法に求めようと思う。（和辻哲郎、同書、二三三—二三四頁）[37]

和辻が、ここで「解釈学的方法」という言葉を用いていることそのものが、二〇世紀の前半にあって、まさに決定的な意義をもっていると解釈される。解釈学は循環の学である。解釈されるテキスト——文字言語で書かれた文書や、その他——には著者がおり、テキストはそれ自体が著者による世界の解釈なのだが、読者は各々自らの枠組みを当てはめてテキストを解釈していく。そして、特定の読者による解釈は、さらに後続する読者によって援用され、解釈されてさらに書き継がれていく。解釈は重層化すると同時に、循環していく。解釈学的循環と呼ばれるのがそれで、解釈は解釈を根拠にして解釈されることで、続けられていくのである。

それは、意味をめぐって人々がやりとりする対話の世界であるともいえる。ある人がある事柄に意味を見いだして、それをテキストとして表現する。表現されたテキストは他の人々によって意味のあるモノとして解釈される。そして、特定の解釈がさらに別の事柄を解釈するきっかけとなる。さらに、そうして生まれたテキストが解釈されていく。これらの過程に共通するのは、意味を見いだすことであって、それは意味を見いだす解釈者に依存する。解釈の根拠は解釈であり、意味の根拠もまた意味なのである。

本書で論じてきた和辻の循環論法――「倫理学の中身とは倫理学者が明らかにしたものである」――は、まさに解釈学の方法を用いていた。それ自体を根拠として循環する倫理は、もちろん同じくそれ自体を根拠として循環する社会でもある。それは自己言及する社会の論理なのである。

12　解釈学的社会

和辻哲郎がハイデッガーから強い影響を受けていることはよく知られている。それは毎度繰り返される説明であり、和辻の有名な『風土』の議論は、ハイデッガーの『存在と時間』の直接の影響下にあるといった話も毎度おなじみである。ハイデッガーが「時間」を問題にしたのに対して、和辻は「空間」を問うたのだといった説明がそれである。ただし、この種のおなじみの説明も、「では具体的にどういう点で？」という疑問にはなかなか答えてくれない。相手が抽象的な議論であるだけに、さらに難解な説明に向かってしまう。ただし、和辻当人の説明によると、それは「問いの構造」である。

問いの構造に関しては、我々はハイデッガーに教わる所が多い。彼によれば、問いは探求である。探求は探求せられるものによって方向を決定せられている。だから問いは何ものかへの問いとして「問われているもの」を持っている。しかし問いはこのものが何であるかと問うのであるゆえに、同時にこのものが何かであることを目ざしている。すなわち「問われていること」を持っている。とくに理論的な問いにおいてはこの問われていることが一定の概念にもたらされなくてはならぬ。そこで問われていることが「どういうこと」であるかが問いの本来の目標になる。しかるに「いうこと」とはことの意味である。だから理論的な問いは、問われていることのほかに、そのことの意味をも含んでいる。さらに問いには「問う者」がある。だから問いは問う者の態度として特殊な有

り方を持つことになる。上の空の問いもあれば根ほり葉ほり問うこともある。（和辻哲郎、同書、一八二頁）

毎度のことながら、和辻の名文は「ハイデッガー」までも、つかまえて見事に分解してくれる。「探求」と「探求せられるもの」とは相補関係にあり、「探求せられるもの」が「ある」から「探求」は続く。そして、「探求」によって、「探求せられるもの」がさらに見えてくる。ただし、ハイデッガーは「探求せられるもの」が「ある」こと、つまり存在の問題に向かうのに対し、和辻は「探求せられること」に向かう。まさにここが分岐点で、ハイデッガーは解釈学から存在論に向かうのに対し、和辻は解釈学から当人のいう「倫理学」に向かう。[38] 当然、ハイデッガーの哲学に傾倒する人々にとって、この種の分岐、あるいは離反は失望の対象となるのだろう。これに対して、社会理論にとって重要なのは、和辻の「倫理学」と同じく、「探求せられること」を探求することなのである。

社会理論の観点から和辻哲郎の『人間の学としての倫理学』を読んできたここでの議論は、当然、社会理論そのものの問題に回帰しなければならない。和辻は「倫理学」を問うたが、和辻を読む社会理論は、そこから何を読み取るのか。つまり、「和辻を読む社会理論」についてはいろいろ論じてきたが、では和辻を読んだ社会理論はそこからどのような影響を受けるのか。あるいは、受けることが可能なのか。

繰り返し論じてきたように、「倫理」の問題はそれ自身の中で循環し、自己言及に行き着いてしまう。逆にいえば、社会科学などよりもはるかに古くから論じられてきた「倫理」は、近代科学以前の思考をより保持していると考えることもできる。難しいことを考えなくとも、道徳や倫理の問題は、それを主張する当人の生き様を反映する。この点で、倫理は近代科学が考える意味での「科学」ではないし、科学である必要もない。

近代科学は自己言及を排除することによって、研究者と研究対象を厳然と区別してきたからである。まさに、客観性（自己言及の排除）こそが、近代科学のイロハなのである。しかし、視点を変えて見れば、和辻のような仕事は近代科学によって失われた思考を回復する営みであるともいえる。それは、「科学とは人間（にんげん・じんかん）にとって何なのか?」という問いにつながっていく。

たとえば、社会科学はしばしば自己言及を排除することによって「客観性」を確保しようとしてきた。そこで語られているのは、論者の利害とは無関係の問題であり、不偏不党の立場で「真実」を明らかにするのだというわけである。

ただし、そんなことが可能なのだろうか。自分もまた社会生活を送っており、社会的な問題について利害を共有している人物が、どうして客観的で、不偏不党でいられるのか。まさにこれこそが自己言及性の問題である。さらにいえば、無限に存在する社会現象の中から、特定の現象を取り出して、それについて論じるというのは、すでにその時点で価値判断をしている。特定の現象が重要であると考え、それについて入念に論じるということは、研究者もしくはその集団が、利害関係にあるからである。興味（利害）があるから、研究するのである。日本の社会科学者の多くが日本社会の問題を研究しているのは、当人が日本に暮らしており、多くの場合、日本人だからである。もちろんどこの国に暮らす社会科学者も同じである。ところが、多くの社会科学者はあたかも自分がそこに存在しないかのように議論する。自分の関心に終始していながら、なぜか自分は不在なのである。当然であるといえばそうなのだが、自分の暮らす社会について自分とは無関係な視点から論じるということがいったいどういうことなのかということは、問い直す価値がある。

それは、社会科学が語る「社会」を、自己言及社会として問うことである。つまり、人々は「自己」として「社会」に対面しており、自己について言及することによって社会について語り続けるという状況を主題化するのである。本書でも言及してきた社会構成主義の視点でもある。つまり、社会について語るということは、同時にその社会を作り出すことでもある。「自己」として「社会」に対面し、それに言及することで、日々刻々その「社会」を作り出しており、同時に作り出された社会によって自らも作り出されている。社会によって作り出された個人が、逆に社会を作り出す。「個人」が独立した存在としてあるのではなく、また「社会」がそれだけで存在しているわけでもない。社会と個人の関係は循環しており、循環が常に続いていくことで常に新しい状況が生まれていく。

確かに、「社会」は、「個人」と同じく生きているからである。たとえば、多くの人々は、「政治は生き物」「外交は生きている」といった慣用的な表現になじんでいるが、それは単に言葉の表現だけではなく、現に人々が直面している「社会」を表現しているとみなすこともできる。このことは、私見では、和辻の時代の哲学者たちが「生 Leben」という言葉で言い表わそうとしていた内容にかなり近づいている。

生が実は人間存在であることを把握するとともに、生を生自身から理解しようとする努力はたちまち倫理学としての面目を示して来る。生の表現とは間柄としての存在の表現であり、この表現の理解はおのずから人を倫理に導く。逆に言えばあらゆる間柄の表現は、すなわち**社会的な形成物**は、ことごとく倫理の表現である。従って倫理学の方法は解釈学的な方法たらざるを得ない。（和辻哲郎、同書、二四四頁、太字強調は犬飼）

意地の悪い見方をすれば、一九三〇年代は、なんでもかんでも「生」といえばそれで深い哲理を語っているように思われていたのは確かである。当時はまさに絶頂期で、いわゆる「ファシズム運動」にあっても「生Leben」は決まり文句であった。これが結果として命取りになり、二〇世紀後半は「生」を掲げる議論がタブー視される状況が続いた。タブー視と同時に、二〇世紀前半の知的成果全般も封殺されてきたわけである。

しかし、単なる流行用語と、当時の人々が真剣に取り組んでいた問題とは区別するべきだろう。和辻がいう「生を生自身から理解しようとする努力」は、すでに自己言及性の問題を視野に入れている。そして、これを「解釈学的な方法」と呼ぶわけである。解釈学的な方法とは、要素が互いに循環的に根拠付け合う様子を「理解」しようとする方法であり、態度でもある。和辻の独自性は、「生」という決め手の言葉で話を済ませてしまうのではなくて、「生」の問題に自己言及性を問うているところにある。「生を生自身から理解しようとする努力」は、当時の人々が口にする「生」そのものをも「人間」の問題へと取り込んでいこうという意味である。

しかも、和辻によると、「あらゆる間柄の表現は、すなわち社会的な形成物は、ことごとく倫理の表現」なのである。結局のところ、間柄――「人間」――を問う倫理学は、「社会的な形成物」の学なのである。ここまでこの人物の議論を追ってくると、すでに「社会的な形成物」の学と、社会学の区別は困難になっている。

先のハイデッガーが出て来た引用には、次の文章が先行する。

前章において我々は、「人間」が世の中自身であるとともに世の中における人であることを見て来た。すなわち人間とは一定の間柄における我々自身である。しからば問うということもまたかかる「人間」の存在の仕方として、間柄において把握せられねばならぬ。元来「学」と言い「問い」と言うのは、人間を離れた観念的なある物として、すなわちそれ自身に存立する知識として、あるのではない。それはまねぶこと、倣うこと及び訪いたずねることとして、人間の行動である。そこには学び問われる「こと」は人間の間柄に公共的に存すると言ってよい。このことは問いが根本的に「人間の問い」であることを意味する。（和辻哲郎、同書、一八一―一八二頁）

「人間」とは、「一定の間柄における我々自身である」。和辻は「世の中」という言葉を使っているが、これを「社会」と言い換えてもよいだろう。われわれ自身を問うことが「社会」であり、「社会」を問うことが「人」と「人々」、「われ」と「われわれ」を問うことでもある。すでにこの時点で、社会理論の問題に行き着いているのである[39]。

ただし、この社会理論が扱う「社会」は常に移り変わっている。常に揺らいでおり、揺らいで変化している。その上、「社会」について論じる人自身が社会を作り出しており、特定の形の社会について論じることで、その社会に影響を与えてしまう。もちろん、特定の社会について論じるということは、それに関心を抱いていることであり、利害の一端を担っているということなのである。まさにこれが、「人間」としての社会である。

13　自己言及社会から

ここでは和辻哲郎の『人間の学としての倫理学』を読み込みながら、社会理論への着想を探してきた。この小さな本を精読していって実感するのは、著者が言葉の使い方に注意を払っているということである。「人間（にんげん）」という日常的な言葉を、「人間（じんかん）」として再定義して開始したこの思索は、稀代の名文家の最も難解な著作として残された。難解さの原因は、文章の晦渋さだけではなくて、そこで用いられている方法が、前提とされている理論が、二〇世紀後半の知的世界において、半ば放棄されてしまったことも関係している。確かに、それらはフッサールやハイデッガーの「現象学」、ディルタイの「解釈学」、ベルクソンやジンメルの「生の哲学」、マックス・ウェーバーの「社会学」、そして「西田哲学」や「和辻倫理学」という形で、学説史研究としては生き残ることができた。しかし、時代の趨勢としては、前の時代の一九世紀的な素朴実証主義が復活してしまう。

二〇世紀初頭の哲学者や社会思想家たちは、前の時代にもてはやされた「歴史法則」や「数理モデル」を批判して、そんな形には還元できない「生」や「意味」、そして「人間」としての社会を問うた。そもそも、「解釈」が問われるとき、解釈する人自身が及ぼす影響が意識されなければならない。解釈するということは、解釈されることなのである。「意味」を問うということは、問う人自身が意味付けている。当然、関係は循環する。そして、すべては動態の中にあり、常に破壊され、克服され、常に新しく作り出され、意味付けられている。動態の中で停止し、静止することは、「生」でもなければ「社会」（「倫理」）でもなく、「死」であり、「機械（メカニズム）」でしかない。ところが、社会は断じて機械ではないのである。機械はそれを設計した設計者の意図を延々と繰り返すだけだが、現実の社会には設計者がいない。社会には、設計者もいなければ、設計の意図もなく、当然、外部に目的もない。あるのは、日々刻々変化していく社会と、社会を根拠付ける意味を作り出している「人間」なのである。

このように考えるとき、新たに見えてくるのは、和辻哲郎が独自に提示した「倫（なかま）」の「理（ことわり）」である。それは人と人との間――「人間」――にあって、無数の人々の作り出す社会を動的に問い直すことであった。そして、このことは静的な機械（メカニズム）として「人間社会」を説明することの危険を強調する。

「社会」を静的なモノとして捉えることは、同時に「個人」をもまた静的なモノとして捉えることにつながる。社会の機械（メカニズム）について語る人々が、社会を構成する人々を、あたかも機械の部品であるかのように論じ、取り扱ったのは偶然ではない。この場合、社会も個人も、人々も、モノである点では同じである。それらは現状で完成しており、完結した実体（モノ）として、不変の性質をもっていると考えられる。

社会も個人も、それ自体として完結し、全体は全体として、部品は部品として存在し、それぞれに不変であるとみなされる。そんな社会観の下で暮らす人々は、自らを「モノ」として考え、取り扱うことに慣れてしまう。そんな状況がもたらす結果については、すでに多くの言葉を費やす必要はないだろう。

人が、他人と自らを「モノ」とみなす社会は、機械（メカニズム）の社会である。そこでは、個々の部品の「性能」が最優先され、性能が劣る部品は取り替えられる。古い部品は捨てられ、新しい部品が取って代わる。

こんな状況を問い直すきっかけは、自己言及性によって与えられる。社会は相互関係の循環によって、自己言及的に成り立っている。他人や集団や組織を「モノ」とみなすことは、自分自身が他人や、集団、組織によって「モノ」とみなされることである。社会において考えることは考えられることであり、みなすことはみなされることでもある。そして、同時に自分自身をどう考えるのかということが、そのまま社会をどう考えるのかということでもある。まさにこれこそが、和辻哲郎が考えた「人間」なのである。

それは、さまざまな次元の自己言及が多層的に循環することによって成り立つ「自己言及社会」であり、多層的な自己言及社会は、無数の人々を巻き込んで再生産されている。誰にもその行き着く先はわからないのだが、内部にいる人々はそこから逃れることが難しい。それは、少なくとも自分が生まれた時点から続いている相互関係であり、それ以外の関係を知らない人々にとっては、拒否困難なほとんど唯一の選択肢なのである。

和辻から着想を得た「人間の学としての社会学」は、こうした自己言及社会が今後どのような形に変化していくのかを問う学問でなくてはならない。自己言及の循環にあって、自分の意図を実現するということは、他者に対しても自らの「ありうるべき姿」を投影することでなくてはならない。もちろん、別のありうるべき姿を投影するいろいろな自己言及が循環するのも当然である。自己言及社会では、単一の統一原理によって「社会」を機械のようにみなしたり、社会を構成するとされる「個人」を巨大な機械（それはしばしば「国家」と呼ばれる）の部品のようにみなしたりするような社会観は排除される。

それは、少なくとも他者を自分とは無関係な「モノ」として論じる種類の社会科学とは異なった学問でなくてはならないだろう。「客観性」は、自己言及性を排除することによって成り立つ。今自分が語っているのは自分の利害ではない、自分とは関係のない問題を普遍的な視野で語っているとされる。「客観性」を掲げる科学は、論者自身も含んだ「社会」の問題を扱うとき、「社会」は生きた存在ではない「モノ」として立ち現れてくる。もちろんその構成員である論者自身――社会学者――もまた「モノ」でしかない。

そんな「社会」に暮らすことがいったいどういうことなのか。おそらく問題は、「社会」を巨大な機械（メカニズム）であると考える伝統であり、この伝統が国家機構、特に軍事機構から容易に連想されることであろう。軍隊は各種の大きな機械を所有する組織であり、また人々の配置も機械的である。ここから各種の行政機関、教育機関や企業といった制度が機械として理解され、機械として組み立てられたり、改良されたりするものと連想される。

他方で、社会科学の多くは、いうならば「国家学」として成り立っている。中央銀行総裁の視点から考える経済学や、裁判官の視点から考える法律学、大統領や首相の視点から議論する政治学、特に「国益」から考える国際政治学は、暗黙の前提として「国家」を出発点としており、同時に目的としている。

それは、根拠と目的があらかじめ決められた仕事である。現に、今日の社会科学の多くは、特定の職業と直接に結ばれていることを理想としている。それは、広い意味で、機械としての国家機構が機能していくための任務を果たしているのである。すべては、最高位の意志決定者（統治者）の視点から構成され、設計されている。

しかも、この立場に立つ限り「国家」は機械として考えても当面不都合はない。中央銀行総裁や大統領は、一方的に命令するのが仕事だからである。極言すれば、機械の作動ボタンを押すのと同じである。その反面、これらの社会科学が日常生活を送る一般人にとっていったい何の役に立つのかという問題は、最初から意味をなさない。たとえば、「国民総生産の推移を入念に論じることが、なぜ一般のサラリーマンにとって必要なのか？」という問いは無意味である。なぜならば、社会科学の多くは国家という機械（メカニズム）を出発点とし、同時に目的としているからである。

巨大な機械である「社会」（国家）を構成する部品としての「個人」は、各々モノのように独立しており、互いに有機的に干渉し合うことはない。それは、たとえば自動車を構成する数万の部品が本来互いに無関係であるのと同じである。各々の部品は全体として機能を果たすが、それは機械を設計した人（統治者）が与えた機能であって、部品そのものが生み出したのではない。そして、賢明な設計者の深慮によって、複雑な機械は最も「合理的」に機能するはずだと考えられる。「社会」（国家）を構成する部品である「個人」は、自分が何をやっているのかを考えることがなくても完璧に設計された「社会」を実現するのだとされる。そもそも、「モノ」は自分で考えてはいけないのである。

「人間の学としての社会学」が問い直すのが、まさにこの点である。それは、モノではない人間（じんかん・にんげん）が、互いにやりとりし続ける関係性である。人は常にそれ自体として完結していながら、常に他者とのやりとりの中で自己言及し、自らを自己制作している。自らを作る自らと、社会を作る社会が、互いに互いを作り出し、自らを作る社会と、社会を作る自らが、互いに互いを作り出す。

それは人が、人間（じんかん・にんげん）が、意味を作り出し、同時に意味を問う存在だからである。しかも、人々は意味に作り出され、同時に意味に問われている。問うことは問われることであり、答えることは答えられることでもある。それらは、まさに目が回るように複雑な相互連鎖、相互言及、そして、自己言及が連鎖することによって成り立っている「倫理」と「倫理学」であり、同時に「社会」と「社会学」なのである。

【注】

（1）この問題については、和辻哲郎の思考におけるハイデッガーの影響を内面的に追ったリーダーバッハの仕事に啓発されたことをここに記しておきたい。ただ、リーダーバッハの、和辻哲郎がなかなか登場しない和辻哲郎論は、あくまでもハイデッガーの思想の枠内で、和辻や同時代の日本の哲学者の「ハイデガー受容」を探求するので、ハイデッガーの思想が対象化されることはない。H・P・リーダーバッハ『ハイデガーと和辻哲郎』平田裕之訳、新書館、二〇〇六年。

（2）ちなみに英語版の『ブリタニカ百科事典』（二〇一三年版）の「sociology」の定義は、**a social science that studies human societies**, their interactions, and the processes that preserve and change them. It does this by examining the dynamics of constituent parts of societies such as institutions, communities, populations, and gender, racial, or age groups. "sociology." Encyclopædia Britannica. Encyclopædia Britannica Ultimate Reference Suite. Chicago: Encyclopædia Britannica, 2013.（太字強調は犬飼）

となっている。「社会学とは、人間の諸社会を研究する社会科学」というわけで、やはり同語反復によって定義している。「相互行為」や「過程」という概念を追加しても、やはり同語反復である。

（3）筆者は最近の拙稿で「社会修辞学」という研究方法の可能性を考えてみた。それは修辞（レトリック）を単なる文飾、あるいはごまかしの技術としてではなくて、むしろそれ自体が社会現象を作り出す要因として取り出して考えることである。拙稿「ハマータウンの語り方　ポール・ウィリス『ハマータウンの野郎ども』の社会修辞学」、『北海学園大学学園論集』一五六号、二〇一三年。

（4）この一段落に先行する段落を念のために掲げておく。

もしもそうであるならば日本語ほど働きのないものはないと言わねばならぬ。しかし事実はそうではない。言葉自体が異なる意味を現わし得ないのではなく、言葉を用うる「人間」自身がその意味を混同したのである。現代に広く行われている字書『言海』がこのことを明白に語っている。すなわち人間とは「よのなか」「世間」を意味し、「俗に誤って人の意となった」のである。しからば人間という言語の本来の意義はドイツ人のいわゆるdas Zwischenmenschlicheすなわち社会にほかならず、それが誤ってder Menschの意味に転化し、両語の区別が無視せられるに至った、ということになる。しかし「人の間」すなわち人間関係を単に「人」の意に解するという「誤り」は、あまりにも思索能力の弱さを示してはしないであろうか。少なくともドイツの関係社会学者は、das

Zwischenmenschliche を der Mensch の意に誤解する人に対して、ともに論ずることを欲しないであろう。我々は「人間」という言葉を「人」の意に解する限り、右のごとき誤解の責めを負うべきなのではなかろうか。（和辻哲郎、同書、一八―一九頁）

日本語の特異性、独自性について、一旦ヨーロッパの側から可能な批判を示しておいて、次の段落でどんでん返し。まさに和辻の修辞法の手際の良さである。

（5）フッサール『ヨーロッパ諸学の危機と超越論的現象学』細谷恒夫・木田元訳、中公文庫、一九九五年、一二五頁。

（6）たとえば、「戦後」と呼ばれた一時期、日本の学界・言論界の寵児であった清水幾太郎の「活躍」は典型である。西田幾多郎の名前を連想させる名前も、いわゆる「二度目の喜劇」を連想させる。拙稿「清水幾太郎　忘れられた人気者の社会学　竹内洋『メディアと知識人　清水幾太郎の覇権と忘却』（中央公論新社、二〇一二年）を手がかりに」、『北海学園大学学園論集』一五五号、二〇一三年。さらに、竹内洋『革新幻想の戦後史』中央公論新社、二〇一一年。

（7）大森荘蔵のこの一文は、私見では、和辻哲郎の主著『倫理学』の冒頭にある輝かしい一文に匹敵する。自然科学出身の大森はデカルトの方法に問題を見いだし、ドイツ哲学出身の和辻は「個人」だけに終始するヨーロッパ近代の倫理観に困難を発見する。デカルト以来の分析科学は、人間自身までもばらばらに分断された「死物」に還元しようとする。一方、「個人」に終始する哲学の伝統は、「自然」や「他者」を敵対物と捉える思考や、自在に操るべき対象として捉える思考に行き着いてしまう。私見では、両者は別々の登山口から登り始めて同じ問題に行き着いている。それはいうならば、「死物」が別の「死物」と対面する社会という問題である。ただし、大森荘蔵の議論については別稿でさらに論じることにする。

倫理学を「人間」の学として規定しようとする試みの第一の意義は、倫理を単に個人意識の問題とする近世の誤謬から脱却することである。この誤謬は近世の個人主義的人間観に基づいている。個人の把握はそれ自身としては近代精神の功績であり、また我々が忘れ去ってはならない重大な意義を帯びるのであるが、しかし個人主義は、人間存在の一つの契機に過ぎない個人を取って人間全体に代らせようとした。この抽象性があらゆる誤謬のもととなるのである。近世哲学の出発点たる孤立的自我の立場もまさにその一つの例にほかならない。自我の立場が客体的なる自然の観照の問題に己れを限る限りにおいては、誤謬はさほどに顕著でない。なぜなら自然観照の立場はすでに具体的な人間存在を一歩遊離したものであり、そうして各人が標本的に「対象を観る者」すなわち主観として通用し得る場面だからである。しかるに人間存在の問題、実践的行為的連関の問題にとっては、右のような孤立的主観は本来かかわりがないのである。しかも人と人との行為的連関を捨象した孤立的主観の立場がここでは強いて倫理問題にまで適用せられる。そこで倫理問題の場所もまた主観と自然との関係に限定せられ、その中で認識の問題に対立する意志の問題としての己れの領域を与えられる。従って自然に対する自己の独立とか自己の自己自身に対する支配とか、自己の欲望の充足とかというごときことが倫理問題の中心に置かれる。しかしどの方向に理論を導こうとこの立場でのみ問題を解決することはできない。結局超個人的なる自己、あるいは社会の幸福、人類の福祉というごときことを持ち出さなくては、原理は立てられないのである。そうしてこのことはまさに倫理問題が個人意識のみの問題でないことを示している。（和辻哲郎『倫理学』（一）、岩波文庫、二〇〇七年（初版一九三七─四九年）、一九─二〇頁）

（8）和辻哲郎との対比で、「戦後日本」の知のあり方を象徴する文献は、井上忠司『「世間体」の構造　社会心理史への試み』講談社学術文庫、二〇〇七年（初版一九七七年）である。実際この本は、和辻哲郎の『人間の学としての倫理学』を、「戦後日本」の立場から全面的に書き換えた著作であるといえる。

「世間」の原義にまでさかのぼり、「世間」と「社会」との原義的な関係について、これまでにもっともふかく追究しようとしたのは、おそらく、和辻哲郎氏であった。ここでは、『人間の学としての倫理学』（一九三四）における氏の論述におおむねしたがいながら、「世間」の原義的な考察を、私なりに試みることにしよう。（井上忠司、同書、二一九―二二〇頁）

ここで何よりも強調しておかなければならないことは、和辻と井上が同じ問題を論じながらまったく異なった意図を抱いていることである。和辻は、日本、あるいは「東洋」の知的資源（伝統）を活用しながら人類普遍の問題に貢献しようとしている。仮に「世界哲学」というようなものがあるとすれば、ヨーロッパの圧倒的な影響がもたらした「世界哲学」の歪みや偏向を、和辻は別の立場から修正しようとする。これに対して、井上が集中するのは、「日本人」と「日本文化」の独自性である。「世界哲学」を称するヨーロッパやアメリカの思想家の立場は一方で認めながら、それでも日本は独自なのだ、特殊な社会である日本には普遍的な原理は当てはまらないのだという話に向かう。和辻は普遍性に志向し、井上は特殊性に集中する。これは決定的な違いである。

私見では、これこそが「戦後日本」の知的世界である。同じような教養をもった同じような経歴の知識人が、同じ問題を扱いながら、正反対の志向を示す。「戦前日本」を代表した和辻は、日本発、東洋発の思想が未来の世界を変える可能性に賭けようとした。これに対して、「戦後日本」の井上は、「世界哲学」から日本の伝統を守ろうとする。世界中の人々がなんといおうとも、日本人と日本社会は特殊であり、特殊であることを必要とする自分たちは、特殊であり続けるのだというわけである。それはすべてに一貫して「内向き」な議論である。特定の時代を生きた「日本人」以外の読者は一切想定していない。もちろん、別の時代の日本人にも理解困難な時代の特殊性である。

先に挙げたリーダーバッハの研究に戻るならば、西田幾多郎、九鬼周造や和辻哲郎のハイデッガー受容が「方法」に集中しており、これに対して、辻村公一のような戦後日本を代表するハイデッガー研究者が、ハイデッガーの禅思想化（禅を中心とした固有日本哲学の樹立）を目指しているという指摘は興味深い。ただし、哲学研究者であるリーダーバッハは、戦後日本で支配的だった丸山真男や上山春平、梅原猛などの「日本論」や辻村等の戦後日本のハイデッガー研究と、和辻哲郎の議論を同じ次元で比較対照するので、和辻とそれ以外の間にある時間の隔たりが意識されていないのが残念である。言い換えれば、和辻と「戦後」の間に横たわる知的な断層が切れ切れの形でしか把握できないのである。このことは次のような記述から理解できるだろう。

以上のことからすれば、和辻の伝統へのアプローチの仕方は、日本論とある種の共通性を示していることになる。和辻にとっても問題なのは、西洋の方法や概念や思想を頼りにして、自己固有なもの、すなわち日本的パースペクティヴから見た現存在の解明を手に入れることなのである。しかしまた、いくつかの差異も見のがすことができない。というのも、和辻は西洋の哲学をまず第一に方法や概念の貯蔵庫として利用するのではないからである。それよりも彼にとって重要なのは、彼が引き継ぐことができると信ずるような一つの展開がヨーロッパ思想の歴史のうちで形成されたということなのである。アリストテレスからヘーゲルにいたるまでのヨーロッパの倫理思想のもろもろの決定的立場に関する和辻の解釈をここでなぞって検討する必要はないであろう。しかし、これらの立場の歴史的動向のうちに自己自身を組みこみ、そのようにしてこの動向をさらに展開させてゆこうとする和辻の傾向には、注意が向けられるべきである。この点にこそ、日本論との根本的な相違があるのである。

日本論には結局のところ、自己固有なものを異他的なものによる了解から遠ざけようとする傾向があったが、和辻にとっては、異他的なものはそのままで自己固有なものを映す鏡なのである。異他的な世界は、彼にとっては、自己固有な世界がそのうちでのみ表現されうるような遊動空間なのである。

ところがまた、辻村のハイデガー解釈と比べてみたばあいにも、同様に根本的であるような差異が主張できるのである。……（リーダーバッハ、同書、一〇四―一〇五頁）

（9）岩波文庫版の「解説　日本倫理学の方法論的序章」で子安宣邦が、『人間の学としての倫理学』を指して、「昭和初期日本の学術的思考とその形成とを、その作業の内側から、高いレベルで見事に伝える貴重な証言でもある」と述べているのは的を射ている（同書、二五九頁）。子安によると、さらに「日本は学術的にもこの時期、すでに欧米先進国の翻訳的追随者という境位を抜け出ていると見るべきだろう。それは学術的達成についていおうとしているのではない。政治的日本と同様に学術的日本も、欧米先進国とすでに同時代的な諸問題を共有し、日本なりの独自性をもってアプローチする境位にあった」（二六〇頁）。
哲学者の大橋良介が、一九二〇年代にドイツに渡った日本の哲学者たちの意識について興味深い指摘をしている。

『ゼレン・キルケゴオル』の序からさらに引用するなら、和辻はこれらドイツの思想家・学者たちと自分たちとが「国は違っても同じ世代に属する」という、「同窓とでもいうような親しみ」をもっていた。自負に裏づけされた親しみは、競争意識にも転化する。ちなみに言えば、ヨーロッパの思想、とりわけハイデッガーの思想に対するこのような批判的競合の意識は、当時にあっては和辻だけに限らず、ドイツへ渡った日本人学者たちの一部に共通している。［中略］

これらの日本人がハイデッガーと接した一九二一年から一九二九年までの時代は、ワイマール体制下におけるドイツの文化と人文科学の全盛期であった。歴史学におけるマイネッケ、トレルチ、文化史におけるシュペングラー、社会学におけるウェーバー、心理学におけるフロイト、造形芸術におけるバウハウス運動の担い手たち（建築のグロピウス、絵画のカンディンスキーおよびクレー、他）、哲学におけるフッサール、シェーラー、リッケルト等が、この全盛期を担う主要な名前でもある。日本もまた近代化の諸条件をととのえて欧米の列強に伍し、経済や軍事の面のみならず文化および思想の面でも躍進しようとしていたから、簡単にいえば、日本は「近代化」という歩みそのものにおいて、ドイツに対し「同窓の親しみ」をもちつつ競り合う位置にあった。その意識を和辻も担っていたと言ってよい。（大橋良介『日本的なもの、ヨーロッパ的なもの』講談社学術文庫、二〇〇九年（初版一九九二年）、一五三―一五五頁）

ただし、大橋が指摘するように、「戦後」には、和辻哲郎自身が立場を変え、大著『鎖国』において、「太平洋戦争の敗北によって近代日本の担っていた世界史的地位は潰滅した」と考えるに至る（大橋、同書、一五九頁）。この意味で、一九六〇年まで生きた和辻もまた「戦後」の知的状況の成立に手を貸していたといえるのである。

(10) たとえば木村敏のような高い独創性を誇る著者ですら、和辻哲郎を論じると「日本の独自性」のような話に収束してしまう。

日本語の「人間」という言葉がすでに「間」という字を含んでおります。これは和辻哲郎先生も言っておられるように、日本人特有のひじょうにユニークな表現だろうと思うのですね。一人の人間を考える場合に、そこに「間」という字を入れて、「ま」とか「あいだ」とかいう言葉をこめて個人をとらえた、そして「人間」という言葉で表した、そこに日本古来の人間観がみごとに示されていると思うのです。（木村敏『自分ということ』ちくま学芸文庫、二〇〇八年（初版一九八三年）、九三—九四頁）

（11）近代日本政治史家で、一九六〇年の「安保闘争」において全学連の幹部でもあった坂野潤治が、日本の社会民主主義政党について次のように書いているのは、本書で論じてきた「戦後」の状況を別の側面から手短に言い表わしている。

先に、「日本では何故に社会民主主義政党が育たなかったのか」という風に問題を立てたが、実は戦前日本では社会民主主義政党は結構育っていた。ただ、戦後の日本近代史研究は、保守勢力としての天皇制や超国家主義や「既成政党」の批判と肯定に二極分解して、それらとの革命的な衝突を避けた「社会民主主義」勢力には目を向けてこなかった。存在していても研究されなければ、日本の「社会民主主義」は国民的な「伝統」とはならず、それゆえに政権選択の選択肢とはならない。（坂野潤治『日本政治「失敗」の研究』講談社学術文庫、二〇一〇年（初版二〇〇一年）、二六頁）

自身の政治的な立場を鮮明にする政治史家の言葉には迫力がある。つまり、「戦前日本」に各種存在した政策上の選択肢が、天皇制や国家主義を肯定する「保守」と、それらの否定と社会主義革命を目指す「革新」に二極分化してしまい、それ以外の選択肢が見えなくなってしまった。本書で論じている「思想」の領域の状況もそっくりで、「戦前日本」に各種存在したいろいろな可能性が、「日本の独自性」を排外的に排除しようとする立場と、それを「欧米先進国」との対比で非難する立場に二極分化してしまったせいで、やはり見えなくなってしまった。和辻哲郎を「日本の独自性」から称える人々と、「保守主義」であるとして非難する人々以外に、めぼしい議論が展開されてこなかったのは、まさにこのためである。

（12）和辻哲郎は「私の根本の考」と題する小文の冒頭で次のように書いていた。西洋の哲学を通観すると、極く大体に云って、ギリシア哲学に於ては自然、客体、森羅万象の有り方が問題にせられ、主体を問題にしていないのに対して、近代の哲学は主体の側へ眼を移したと云えようかと思う。その場合主体自体がどういうものであるかということを問題にするのではなく、自然とか客体とかが成立する根本条件として主体が前提されるのであって、この思想はカントに於て頂点に達する。デカルトが「我思う、故に我在り」から出発したのも、自我意識の基礎の上で、客体が如何に成立してくるかという点に関心が置かれている。その点はイギリスに於ても同様であるのみならず、寧ろイギリスの方が進歩が先であり、顕著でもあって、ロック、ヒューム等に於ては総てが観念になる。こうして哲学は、常識の自然的立場と全く異るに到っている。常識の立場では、自分と離れて対象が存在し、それをこちらから鏡のように写し取るのであるが、それに対して、近代の哲学は、意識がなければ対象はないという考え方をする。つまり自我が哲学の中心なのであって、それと共に倫理学もすべてそうなってくる。（和辻哲郎「私の根本の考」、『現代日本文學大系』四〇、筑摩書房、一九七三年、一三九頁）

本書八頁以下参照。

（13）和辻哲郎が『人間の学としての倫理学』の冒頭に、「西田幾多郎先生にささぐ」と記していることは、この著作の性格をかなり雄弁に物語っているといえるだろう（三頁）。すくなくとも当人の意識では、西田哲学の成果を、和辻が構想する「倫理学」の理論的な柱として援用することを考えていたのである。

（14）西周は一八六一年に philosophy という言葉を「哲学」（当初は「希哲学」）と訳したことで知られているが、西周が『生性発蘊』（一八七二年ごろ）で示した学問名の訳語では、sociology を「人間学」と訳している。西周が、sociology（sociologie）の創唱者オーギュスト・コントの影響を強く受けており、この言葉を「人間（じんかん）」という漢語に置き換えたのは意味深長であるといえる。また、仮に和辻哲郎がこの事情を知っていたとすれば、コントや西周の考えるsociologyとは異なった「人間の学としての倫理学」を新しく構想しようとしていたと読み込むこともできる。西周の訳語については、大橋、同書、二八三頁。西周の『生性発蘊』とコントの関係については以下の論文がある。小泉仰「西周の『生性発蘊』とコントの人間性論」、『哲学』第五六集、一九七〇年（PDF版は慶應義塾大学のサイト：http://koara.lib.keio.ac.jp/xoonips/）。

(15) 弁証法という言葉については二つの経路が考えられる。一つは、哲学史でおなじみの方途で、矛盾や対立によって新たな概念形成を期待するという思考様式。そして、もう一つは見わたしがたい複雑性に直面した人が自分（たち）の年来の主張を説明するための言い訳としての用法である。前者の代表は、あらゆる営為を運動として捉える立場であり、この場合特定の予想や予言はありえない。すべては予想外の結果をもたらすからである。むしろ予想外であることこそが弁証法なのである。予想外は人間の自由の根拠であり、予想外がない世界には自由はありえない。後者は、年来の事業が予想外の複雑性に直面して困惑している状況を説明する場合の弁証法である。弁証法の原理によれば、本来は未来の予想や予言などありえないのだが、それでも予言や予想を好む人々が後を絶たない。そんな人々が自分（たち）の考えに反した複雑な状況に直面すると、「弁証法」という言葉を口にする。両者を区別するためにあえて名付けるならば、前者は未来弁証法、後者は遡及弁証法と呼ぶことができるだろう。原理的には同じでも、両者の与える影響はまったく異なる。未来弁証法の趣旨は、ようするに未来のことはわからないと正直に認めることである。これに対して、遡及弁証法は、いまある状況を過去に当てはめて自分（たち）の立場や主張を説明するレトリックである。

（16）ヘーゲルは『精神現象学』の序論で次のように書いている。

つぼみは、花が咲くと消えてしまう。そこで、つぼみは花によって否定されると言ってよい。同じように、果実によって花は植物の偽なる定在と宣告され、植物の真として果実が花の代りとなる。これらの形式は互いに異なっているだけでなく、互いに相容れないものとして斥け合う。しかし、これらの形式は、流動的な性質をもっているため、同時に有機的統一の契機となり、この統一にあっては形式は互いに対抗しないばかりか、一方は他方と同じように必然的である。この等しい必然があって初めて、全体という生命が成り立つのである。」（ヘーゲル『精神現象学』樫山欽四郎訳、『世界の大思想』一二、河出書房、一九六六年、一五―一六頁）

Die Knospe verschwindet in dem Hervorbrechen der Blüte, und man könnte sagen, daß jene von dieser widerlegt wird, ebenso wird durch die Frucht die Blüte für ein falsches Dasein der Pflanze erklärt, und als ihre Wahrheit tritt jene an die Stelle von dieser. Diese Formen unterscheiden sich nicht nur, sondern verdrängen sich auch als unverträglich miteinander. Aber ihre flüssige Natur macht sie zugleich zu Momenten der organischen Einheit, worin sie sich nicht nur nicht widerstreiten, sondern eins so notwendig als das andere ist, und diese gleiche Notwendigkeit macht erst das Leben des Ganzen aus.

（17）カール・ポパーの論文「弁証法とは何か」の一点を挙げれば十分だろう。カール・ポパー「弁証法とは何か」（初出、一九四〇年）、カール・R・ポパー『推測と反駁　科学的知識の発展』藤本隆志・石垣壽郎・森博訳、法政大学出版局、一九八〇年、五七八頁以下。

（18）このように考えてくるならば、二〇世紀後半を代表する「弁証法」の本の次の難解な一文は意味深く読むことができるのではないだろうか。

弁証法とは首尾一貫した非同一性の意識である。弁証法とは、あらかじめ一つの立場をとるものではない。思想を弁証法へと駆り立てるのは、思想の不可避的な不十分さであり、その思想が思考している対象に負う負い目である。ヘーゲルに対してアリストテレス主義の立場から批判をくわえる者たちにはじまり、以後繰り返されてきたことだが、弁証法の方では、おのれの粉砕機に入りこんでくるすべてのものを矛盾という単なる論理形式へ持ちこむだけのことであり、そのために――クローチェさえもそう主張しているのだが――矛盾を含まないものや単純に異なっているものの豊かな多様性は無視してしまうという非難が弁証法にくわえられてきた。だが、彼らは事態の罪を方法になすりつけているのだ。意識が自己固有の組成によって統一へと向かわざるをえないかぎり、つまり、意識が自己と同一でないものを全体への要求で計るかぎり、差異をもったものは多様で不協和的で否定的なかたちで現れてくる。弁証法はそれを意識に対して矛盾として掲げる。矛盾は、意識そのものの内在的本質のおかげで、不可避的・宿命的な合法則性という性格をもつことになる。思考の同一性と矛盾が相互に溶接されることになるわけである。全面的矛盾は全面的同一化作用が非真理であるということ以外のなにものでもない。矛盾の全面性がそうした非真理となって自己をあらわにするのである。矛盾とは非同一的なものを触発するような法則の呪縛のうちにある非同一性である。（テオドール・アドルノ『否定弁証法』木田元他訳、作品社、一九九六年（原書初版一九六六年）、一一一―一一二頁）

そして、「思考の同一性と矛盾が相互に溶接される」ことで、「絶対精神」や「絶対無」といった「絶対」の仲間がいろいろ登場してくるわけである。ただし、その種の判断に伴った著者たちの超能力的な洞察が絶対的に正しいという根拠は、毎度絶対に示されないのである。まさにそれこそが「思想の不可避な不十分さ」であり、それゆえに「絶対」を連呼する議論は、絶対に、疑ってかかる必要があるのである。

(19) ここで具体的に想定しているのは、たとえば芸術が根拠付けられる過程である。芸術の根拠は芸術であり、芸術の外部に根拠など必要としない。外部の根拠によって根拠付けられるような芸術はたいした芸術ではない。コマーシャルソングや交通安全ポスターのようなものである。これに対して、本来の芸術は芸術内部で循環し、自己言及する過程である。

(20) 日本語のカタカナ語で、「レトリック(修辞法)」が「トリック(詐術)」と似ており、しばしば混同されているという事情もある。

(21)「メディア知識人」については、以下の拙稿を参照されたい。犬飼裕一「清水幾太郎　忘れられた人気者の社会学　竹内洋『メディアと知識人　清水幾太郎の覇権と忘却』(中央公論新社、二〇一二年)を手がかりに」、『北海学園大学学園論集』一五五号、二〇一三年。

(22) 社会学の歴史を振り返ると、エミール・デュルケームが教育学者でもあったことは深い意味をもつ。むしろデュルケームの大学人としての本業は教育学であり、教育学者であったデュルケームが「社会学」という事業を新たに開発したというべきである。たとえば、デュルケームが晩年の『道徳教育論』において次のように書いているのは、有名な『自殺論』(一八九七年)よりもかなり後のことなのである。

私は、教育学者として、この道徳教育の講義を始めようとしているのであるから、冒頭において、教育学とは何であるかを規定しておく必要があると考える。まずはじめに、教育学は科学ではない、ということをことわっておきたい。それは、教育の科学が成立不可能だという意味ではない。教育学が教育の科学とは異なるものだ、ということをいいたいからである。この区別は大事である。というのは、教育学の理論は、固有な意味での科学的研究に適用される方法的基準によって、評価すべきものではないからである。科学は何にもまして、可能な限りの慎重さによる研究を必要とし、かつ、特定の時間の枠によっては制約されないものである。しかし、教育学は、こうした忍耐強さをもちえない。教育学は瞬時もゆるがせにできない緊迫した生活の必要にこたえなければならないのである。（エミール・デュルケーム『道徳教育論』麻生誠・山村健訳、講談社学術文庫、二〇一〇年、四四頁）

「社会学」を厳密な科学として成立させることに前半生を費やしたデュルケームが、パリ大学に移ってからの後半生を、道徳や社会規範の問題や共同体の価値といった問題に費やしたのは興味をそそる問題である。重要なのは、当人が科学一般の課題と教育学の課題を明らかに区別していたことである。

(23) 和辻哲郎の倫理学に自己言及性の問題を問うことは、宮川敬之が主に禅思想の方向からの検討で論じていたことに最近気づくことになった。「やはり」と実感するとともに、先行者に敬意を払って本書の続編でさらに検討したいと思っている。ここでは書名を挙げるに留めることにする。宮川敬之『和辻哲郎――人格から間柄へ』講談社、二〇〇八年、二三二頁以下。

(24) 仮に、「私は嘘をついている」という命題が真であるならば、命題自体が「嘘（虚）」であるということになってしまう。しかし、命題自体が嘘であるならば、「私は嘘をついている」というのは嘘なので、「私は真実を言っている」という意味になるのだが、実際には、当人は「私は嘘をついている」と言っている。ここにおいて、「嘘」と「真実」は無限に循環していくことになる。結局、話者は「嘘」と「真実」のどちらを言明しているのか不明ということになってしまうのである。

(25) ニーチェの議論はしばしば歴史主義への批判として参照されるが、実際には「過去の人々の記憶を過度にため込んでしまい、そのために身動きができなくなってしまった現代人」を批判するという意図に基づいている。最も手近なテキストは、『ニーチェ全集4　反時代的考察』小倉志祥訳、ちくま学芸文庫、一九九三年である。関連して、拙著『マックス・ウェーバーにおける歴史科学の展開』ミネルヴァ書房、二〇〇七年、一五三頁以下参照。

(26) マルクスの原文を引用しておく。

Der Hauptmangel alles bisherigen Materialismus – den Feuerbach'schen mit eingerechnet – ist, dass der Gegenstand, die Wirklichkeit, Sinnlichkeit, nur unter der Form des Objekts oder der Anschauung gefasst wird; nicht aber als menschliche sinnliche Thätigkeit, Praxis, nicht subjektiv.

(27) 本書一一六頁参照。

(28) たとえば「和辻倫理学」についての例を一つ挙げておけば十分だろう。和辻哲郎に教えを受けた哲学者の湯浅泰雄は、和辻を論じた有名な評伝で次のように評している。

このように和辻倫理学では、常に全体が個人に優先し、個人は一定の間柄におけるペルソナを与えられているだけである。このような彼の考え方は、戦後の進歩的傾向のつよい知識人社会から、しばしば保守主義的という批判を受けてきた。進歩派的見方からいえば、家とか国家の古い全体性の権威を否定し、個人の権利を主張するのが近代人のあり方であるからである。ただし保守主義を否定するかどうかはさしあたり価値判断の問題であるから、保守的倫理学を好む人がいても学問的に誤っているとはいえない。ここでは、そういう価値判断には立ち入らない。（湯浅泰雄『和辻哲郎　近代日本哲学の運命』ミネルヴァ書房、一九八一年、二七三頁）

本書のここまでの議論に付き合っていただいた読者ならば、すでに多くの言葉を費やさなくても問題の在処がわかっていただけるだろう。湯浅は「和辻倫理学」について事実誤認をしているわけではない。しかし、簡単にいえば、「個人に対する全体の優先」＝「保守主義」、対、「個人の自由」＝「進歩主義」という図式に当てはまらない要素をばっさりと切り落として、そこから和辻の議論を論評している。まさにこれが「戦後」の特徴であり、この時代全体を覆う不毛さの原因でもある。湯浅は「ここでは、そういう価値判断には立ち入らない」と言っているのだが、実際には上記のような対立図式に行き着かざるをえない形で「和辻倫理学」を理解している。他方で、対立関係にある「個人」と「全体」という概念がいかなるものなのか、あるいは、「個人」とはいったい何なのかといったもっと重要な問題は問わない。結局、一九世紀風の個人主義と全体（集合）主義の対立や、「進歩」と「保守」の対立に先祖返りしてしまっており、和辻の本来の議論に到達できていないのである。

(29) 西田幾多郎が強調した「無」の思想を継承する和辻哲郎の「倫理学」が、自己言及の問題に行き着くことは意味深い。このことは、西田と同じ年一八七〇年に生まれた鈴木大拙が和辻の死後、一九六一年に雑誌『心』に書いた次の言葉を思い起こさせる。この雑誌は、和辻も同人であった。

東洋の人は、すべて何ごとを考えるにしても、生活そのものから、離れぬようにしている。生活そのものに、直接にあまり役立たぬ物事には、大した関心をもたぬのである。そうして、その生活というのは、いわゆる生活の物質的向上ではなくて、霊性的方面の向上である。（鈴木大拙「東洋『哲学』について」一九六一年、鈴木大拙『新編　東洋的な見方』上田閑照編、岩波文庫、一九九七年、二九頁）

哲学の上にもまた同様なことがいわれうる。東洋では霊性的生活を離れた思索に重きをおかぬのである。いわゆる言葉の上の詮索では何の役にも立たぬ、という。それで東洋では、西洋の意味での哲学は発達しなかった。が、外に向かわぬ、もっぱら内にのみ向けられた霊性的面の詮索にいたりては、

東洋の方が、はるかに進んでいる。（鈴木大拙、同書、三一頁）

一方には、自己言及を排除して「言葉の上の詮索」に特化した西洋と、他方には、自己言及性から離れることがなかった、むしろ自己言及にこそ思索の意義を見いだした東洋の違いがここで浮彫になっている。九〇歳を迎えた鈴木は、「戦後」の真っ直中にあって年来の自分自身の探求を回顧しているのである。

振り返って考えると、和辻哲郎に自己言及性を問うことは、西田や鈴木が問い始めた東洋の思惟の復権を論じることでもある。それは、西洋の思惟が一つの約束事によって実現した知の大事業とは別の可能性を問うことなのである。一つの約束事とは、自己言及を排除することによって、主体と客体を区別することである。西洋は古代ギリシアにおいてすでにこの考えに行き着き、これを徹底的に展開したのがデカルト以来の近代科学である。研究者（主体）が研究対象（客体）を一方的に研究するという近代科学の基本原理は、偉大な成功をもたらし、西洋世界の今日に至るまでの優越を可能にした。西田や鈴木や和辻がそれぞれの形で問い直そうとするのが、まさにこの原理である。簡単にいえば、東洋には、主体と客体をアプリオリな形で区別するという伝統がない。人が思考するということは東洋では自己言及することであり、特定の哲理について考えるということは、自己の生について省察することである。東洋には自己を離れた「哲学」という考えは、西洋と出会うまでなかったのである。そして、このことは東洋にあって巨大な知の構築物としての「哲学」が成立しなかったことの原因となった。東洋人は、紙の上（言語上）の知よりも、自分自身がいかによく生きるのかを考えようとしたからである。

（30）それは、以前ならば、ロバート・マートン（一九一〇―二〇〇三）が占めていた位置である。広い研究領域をわたり歩き、高い教養に根ざした知力で社会問題全般を自在に論じる。「社会学」という学問が可能にする現代的な叡智と呼ぶべきものである。

(31) 原題は Sociological Insight: An Introduction to Non-Obvious Sociology で、日本語タイトルは、訳者が説明しているように副題の Non-Obvious Sociology を、「脱常識の社会学」としたもの。Non-Obvious は「自明でないこと」、つまり「脱常識」ということになるのだが、私見では、コリンズのような著者に「脱常識」というタイトルは、日本語の語感として似合わない。コリンズは新奇な造語や一般人が知らない方法を縦横に駆使するという著者ではなく、またことさら反語、逆説表現で読者を挑発するというわけでもない。むしろ、普通の教養と常識をもった読者が同意し、共有できる「常識 common sense」の次元で、論理を展開していくことによって、「自明性 obviousness」を問い直すという論述方法で一貫しているからである。

(32) デュルケム『社会学的方法の基準』宮島喬訳、岩波文庫、一九七八年、七一頁。

(33) デュルケームは一九〇二—三年にソルボンヌで行った講義で「道徳」について次のように述べていた。じっさいのところ、われわれはこれまで、道徳を個人の外部にある一つの規則体系として示してきた。すなわちそれは、物理的な力ではなく、規則自体に内在する固有の支配力によって外から個人を規制するものである。このような観点からすれば、あくまでも個人の意志は、自分が手がけることのなかった法の支配に服しているといわねばならない。じっさい、道徳を作っているのはわれわれ自身ではない。確かに、われわれは、道徳を精製する社会の一部分をなしているのであるから、ある意味では、われわれ各人がすべて道徳が生み出されるこの精製過程に参与していることになる。しかし何といっても、道徳的進化の過程において個々の世代が担う固有の役割は、きわめて小さなものである。われわれの時代の道徳は、われわれが生まれたときには、すでにその基本線が決められている。それゆえ、一個人が生存している間に道徳がこうむる変化、したがって、各個人が関与し得る道徳的変化は、いちじるしく限定されている。道徳が大きな変革をとげるには、常に大変長い年月を要するものだ。それに、われわれ個人は、道徳の変革に参与する無数の単位のうちの一つでしかない。それゆえ、われわれ個々人が受け持つ役割は、複雑な合力の中に埋没してしまう、名もない最下級因子にすぎない。

（デュルケーム『道徳教育論』麻生誠・山村健訳、中公文庫、二〇一〇年、一九三―一九四頁）

この人物の経歴で、何よりも注目するべきなのは、ボルドー大学での「世界最初の社会学講座」というのは前半生の仕事であって、パリ大学（ソルボンヌ）に移ってからの仕事は教育学――とりわけ「教育倫理学」「道徳教育学」――であったということである。簡単にいえば、デュルケームのライフワークは「道徳」「倫理」であって、「社会学」というのは、途中の経過、あるいは理論的な基礎付けだった。この点に注意してデュルケームを読んでいくと、目的である「道徳」「倫理」を根拠付けるために、「個人」や「社会」について入念に論じていることがわかってくる。ここでは、「社会」「全体」や「個人」が目的なのではなくて、これらの概念を用いて説明される「道徳」「倫理」が目的になっているのである。

しかも、デュルケームは、「われわれ各人がすべて道徳が生み出されるこの精製過程に参与していることになる」ということを自覚している。道徳を作り出しているのは、まさに日々生活する各々の人々なのである。しかし、人々が自由自在に道徳を作り変えることができるのかといえば、そうではない。

このようにして、道徳的規則が集合的な作品だとすれば、われわれは、みずからこれを作り出しているというよりも、むしろ、これを他から与えられていると、いった方が、はるかに当を得ているということは、認めぬわけにはいくまい。われわれが道徳的規則にたいしてとる態度は、能動的というより、むしろはるかに受動的である。われわれは、働きかけるよりも、むしろ働きかけられるのである。しかし、このような受動性は、日一日と強まりつつある道徳的意識の現実の傾向とは矛盾する。じっさい、われわれの道徳の基本原理の一つ――むしろ唯一無二の基本原理とさえいえるかもしれない――は、人間の人格は、この上なく神聖なものだとするものである。すなわちそれは、人間の人格は、あらゆる宗教の信者たちが神のために捧げるのにも似た尊敬を受ける権利をもつ、とする原理であって、人類社会の理念をもって祖国の目的となし、祖国の存在理由と考えるとき、われわれ自身が表現しようとするのは、まさにこの原理にほかならない。この原理からすれば、われわれの良心に抵触するものはいかなるものであれ、すべて不道徳なものとみなされる。なぜなら、それは、われわれ個人の自律性を侵すことになるからだ。（デュルケーム、同書、一九四―一九五頁）

ただし、本書において興味深いのは、デュルケーム自身が、個々の人々によって生み出され、維持されながら、しかも個々人の意図や利害を超越する「道徳」「倫理」について十分に自覚しているということである。デュルケームは、素朴な社会実在論者や単なる実証主義者ではない。この人は、個々の人々が自ら生み出し、再生産し、維持していながら、同時に自分の手の届かないところにある「社会」を何とかして言葉で説明しようと努力していたのである。

「道徳」や「倫理」という補助線を一本引くと、「社会学」の創始者（の一人）であるデュルケームと、日本において「道徳」「倫理」を最初に独自の形で学問化しようとした和辻哲郎の間に、意外な共通性が見えてくる。彼らの課題は、人々が素朴な形で実感している「道徳」「倫理」によって近代国家を根拠付けることであった。

デュルケームの「倫理学」は、「社会学」に比べて言及されることが少なく、いうならば忘れられた仕事なのだが、実際にはこの人物の仕事の「結論」をなしているといえる。それは独自の「倫理学」に行き着く「社会学」と言ってもよいだろう。もちろん、それは特定の徳目、倫理的要請を「……すべし」という形で求める倫理学ではなくて、はるかに社会学的な議論なのである。もちろん、同じことは本書で主題としてきた和辻哲郎の「倫理学」についてもいえることである。

（34）『自殺論』の訳者の宮島喬が、「解説」において、デュルケーム以後の研究者による批判を紹介している。同書、五五六頁以下参照。

（35）もしもそれが可能ならば、人々は自分がこれから作る「社会」のために、あらゆる構成要素を新作しなければならない。まず最初に、「さあこれから社会を作ろう」というのは既存の日本語だから、代わりに新しい言語を創作しなければならない。すると、新たな言語を作るには、いかなる言語で相談するべきなのかというひどいジレンマに陥る。もちろん、新作しなければならないのは、言語だけではない。

（36）まさにこの問題は、ゲオルク・ジンメルの「社会学」の中心問題でもある。それは二〇世紀ドイツの哲学・社会学の頂点の一つをなしている。

これらの事情のもとでは、いかにして社会は可能であるかという問いは、――いかにして自然は可能であるかという問いとは、まったく異なった方法論的意味をもつ。それというのも後者の問いに答えるのは認識形式であり、この形式によって主観が所与の諸要素の「自然」への綜合を完成するが、しかし最初の問いにたいして答えるのは、諸要素そのもののなかに先天的にそなわっている条件であり、これらの条件によって諸要素は現実に「社会」という綜合へ結合されるからである。ある意味においてはこの書物のすべての内容が、さきに述べた原理にもとづいて展開しながら、この問題への返答の発端なのである。なぜならそれは、**結局は諸個人のなかで完成される経過、個人の社会存在を条件づける経過を――この社会存在という結果にたいして時間的に先行する原因としてではなく、われわれが総括的に社会と名付ける綜合の部分的経過として――探求するからである。**（ゲオルク・ジンメル

『社会学』上、居安正訳、白水社、一九九四年、四一頁、太字強調は犬飼）
「個人」というのは、ジンメルにとっては、「社会」を完成する場なのである。当人が言っているように、大著『社会学』の目的は、「個人」において「社会」が完成する経過を明らかにすることなのである。ただし、この問題は本書の課題をはるかに越えているので、別稿を立ててさらに議論を展開することにしたい。

(37) 和辻哲郎は、「存在論」の問題との関連を、この本の前半ですでに次のように書いていた。おそらくここが和辻とハイデッガーの分岐点で、ハイデッガーの哲学を高く評価する人々が、和辻の「存在」に対する取り組みに物足りなさを感じる点なのだろう。ハイデッガーが「存在」に向かって全力で肉薄していくのに対し、和辻は、いうならば社会学的な問題に向かって行ってしまう。もちろん、社会学理論の立場からすれば、まさにこの点こそが和辻の議論に興味をそそられる理由なのである。

以上のごとく「存」はその根源的な意味において主体の自己把持であり、「在」は同じく根源的にその主体が実践的交渉においてあることを意味するとすれば、「存在」が間柄としての主体の自己把持、すなわち人間が己れ自身を有つことの意であるのは明らかであろう。存が自覚的に有つことであり在が社会的な場所にあることであるという点を結合すれば、存在とは「自覚的に世の中にあること」にほかならぬとも言える。しかしその世の中にあることがただ実践的交渉においてのみ可能である点を強調すれば、存在とは「人間の行為的連関」であると言わねばならぬ。これが我々の存在の概念である。従って我々が存在をいうとき、それは厳密に人間存在を意味している。（和辻哲郎、同書、四六—四七頁）

(38) 和辻哲郎はこの本の終末近くに次のように書いている。

かく見定めてさて振りかえってハイデッガーの現象学的方法を見るならば、我々はそこから学び取るべき多くのものを見いだし得ると思う。我々は彼が現象学を引きのばして行ったちょうどその点に立脚して現象学から離脱することができる。その鍵は「有る物」を「表現」に、「有」を「人間存在」に転ずることである。(和辻哲郎、同書、二五四頁)

本書の議論を踏まえるならば、和辻がハイデッガーの「もの」や「存在」を、「こと」や「関係」に置き換えることによって「現象学から離脱すること」を意図していることがわかるだろう。和辻はハイデッガーから学び、ハイデッガーを用いてはいるが、いわゆる「ハイデッガー主義者」ではないのである。

(39) この問題は、田辺元が一九三〇年代に考えていた「哲学的社会学」とも呼応関係にある。

我は汝を認めることに由って我であり、汝は我に対することに由って汝であるという交互関係は、個人が孤立するものでなく本来社会的にのみ存在するものなることを示す限り、単に普遍に対する特殊の限定の極限として個が定立せられるとする論理よりも、一段具体的なる論理を成立せしめること明らかである。単に特殊普遍の論理においては個は孤立的に思惟せられるだけで、他に対する関係を含蓄するという意味を表わさない。これは自発的なる自由の主体としての個人の存在を具体的に理解せしめることはできぬ。単に普遍を特殊化した限定の極限において思惟せられる極限的特殊としての個は、何らの意味においても自発性を発揮しない。それは自由なる我という意味における個人ではあり得ない。単なる個物という意味を有するに過ぎない。……(田辺元「社会存在の論理――哲学的社会学試論」一九三四―三五年、田辺元『種の論理』岩波文庫、二〇一〇年、二五頁)

「自我」は「他者」との関係においてはじめて自我となる。「個人」というのは、単に概念として独立している単位ではなくて、「自発的なる自由の主体」でなければならない。和辻哲郎の『人間の学としての倫理学』と同じ年に発表されたこの論考は、田辺の「種の論理」という概念が最初に登場する。「種の論理」というのは、ヨーロッパ由来の「個人」という概念を「孤立的」な存在であると批判し、田辺が、相互関係性にある人間の生を把握する概念として提唱した。人は孤立した「個人」であるというよりも、社会的な「種」なのだというわけである。これが後、戦時期に国家主義的な色彩を帯びるようになることはよく知られている。むしろ、この側面ばかりが毎度強調されてきた。ただし、同じ一九三四年に、和辻が「人間」と呼び、田辺が「種」と呼ぶ形で、「哲学的社会学」を模索していたことは強調する意義があるだろう。

ナ 行

ハ 行

マ 行

ヤ 行

ラ 行

ワ 行

人名索引

ア行

カ行

サ行

タ行

【著者略歴】

犬飼裕一（いぬかい・ゆういち）

1968年、愛知県生まれ。早稲田大学大学院文学研究科博士課程修了。北海学園大学経済学部教授。社会学理論、歴史社会学、知識社会学、日本文化論。『マックス・ウェーバーにおける歴史科学の展開』（ミネルヴァ書房、2007年）（2008年度日本社会学史学会奨励賞受賞）、『マックス・ウェーバー　普遍史と歴史社会学』（梓出版社、2009年）、『方法論的個人主義の行方　自己言及社会』（2011年、勁草書房）ほか。

和辻哲郎の社会学

二〇一六年一月二十五日　第一版一刷発行

著　者―犬飼裕一
発行者―森口恵美子
発行所―八千代出版株式会社
〒一〇一-〇〇六一　東京都千代田区三崎町二-二-一三
TEL　〇三-三二六二-〇四二〇
FAX　〇三-三二三七-〇七二三
振　替　〇〇一九〇-四-一六八〇六〇
印刷所―新灯印刷（株）
製本所―（株）グリーン
＊定価はカバーに表示してあります。
＊落丁・乱丁本はお取り替えいたします。

ISBN978-4-8429-1667-5